…生必知国学智慧书系

优等生一定要知道的《论语》典故

邵勋潜 编著

图书在版编目(CIP)数据

优等生一定要知道的《论语》典故 / 邵勋潜编著. –
石家庄 : 花山文艺出版社, 2011.9(2021.6 重印)
（“读·品·悟”优等生必知国学智慧书系）
ISBN 978-7-5511-0332-9
Ⅰ. ①优… Ⅱ. ①邵… Ⅲ. ①语文课 – 课外读物
Ⅳ. ①G634.303

中国版本图书馆 CIP 数据核字(2011)第 191708 号

丛 书 名: 优等生必知国学智慧书系
书　　名: 优等生一定要知道的《论语》典故
编　　著: 邵勋潜

策　　划: 张采鑫
责任编辑: 于怀新
责任校对: 齐　欣
特约编辑: 李文生
全案设计: 北京九洲鼎图书有限公司
出版发行: 花山文艺出版社(邮政编码:050061)
(河北省石家庄市友谊北大街 330 号)
销售热线: 0311-88643221
传　　真: 0311-88643234
印　　刷: 永清县晔盛亚胶印有限公司
经　　销: 新华书店
开　　本: 650 × 1080　1/12
印　　张: 10.75
字　　数: 120 千字
版　　次: 2011 年 9 月第 1 版
2021 年 6 月第 2 次印刷
书　　号: ISBN　978-7-5511-0332-9
定　　价: 36.00 元

前言

《论语》是举世闻名的东方“圣经”之一，是光照千秋的文化瑰宝。数千年来，它启迪了炎黄子孙对宇宙自然的体悟、对人生哲理的深刻认识、对人伦天理的创造性阐述，提供了修身、齐家、治国、平天下的智慧和经验。其中的经典传世典故，则是《论语》的精华所在。它具有传之千古、播之四海的功能，世世代代的人受其熏陶教育，从而使整个《论语》的传承，像浩浩的长江，永不衰竭，且历久常新，即使遭致浩劫，亦能像火中凤凰，劫后重生，而不削减其光艳。

《论语》中的经典传世典故之所以能广为传颂，就其内容说，蕴涵着丰富的文化底蕴，闪现着深刻的思想和智慧的光芒，体现着伟大的人格力量；就其形式说，它语言洗练，用词精辟，具有非凡的表达能力，故能朗朗上口，久而不怠。这一切，便是《论语》传世典故的魅力所在。

为了能用活泼、简明的文句，把《论语》的精粹提炼出来，让学生可以轻松阅读，让他们站在文化巨人的肩膀上，看得更高、飞得更远，我编著了《优等生一定要知道的〈论语〉典故》。这是一本文学普及读物，其特色是全面系统、广泛涉猎，便于旁征博引，用轻松新颖的形式帮助学生更好地学习、理解《论语》。

全书在体例上分为三个部分：

一是“释义”。对每一个典故的本意和寓意都作了细致的解释，帮助读者更深刻透彻地理解典故。

二是“故事”。在取材上，注重故事本身的独立性和完整性。这些故事的取材或来自与孔子有关的各种史料、传说，或是与原义相关联的、具有代表性的历史故事、成语故事、民间传说等。这些故事都比较恰当地阐发了《论语》中典故的含义。读了这些故事，可以了解更多的相关知识，并进而更好地理解这些典故。

三是“赏析”。每一典故好在哪里，如何分析欣赏，都可以从中找到答案。

江山代有才人出，典故还要代代传。可以毫不夸张地说，学生若能将这些字字珠玑、句句经典的《论语》典故诵记下来，不仅能达到言简意赅、喻微意广的语言功效，而且在自身素质、文化修养，以及表达能力等方面，必将受益终生。对于许多成年人来说，这也是应补的一课。

最后，我希望通过这本书，能够对学生和广大《论语》爱好者有所帮助，使《论语》传世典故成为他们成长、成才的良师益友。

由于本人水平有限，本书的体例和内容难免未能尽如人意，殷切希望广大读者批评指正，以便进一步修改和提高。

●邵勋潜

目录

A

B

C

D

F

G

Q

R

S

T

W

哀公问政

鲁哀公询问国家的政事。

故事

鲁哀公很想治理好国家，但不知道该怎么做。于是，他就向孔子请教说："怎样做才能使老百姓心悦诚服呢？"

孔子回答说："提拔正直的人而废置邪恶的人，老百姓就心悦诚服；提拔邪恶的人而废置正直的人，老百姓就说什么也不会服气。从前，舜得了天下，在众人中挑选英才，提拔皋陶（gāo yáo），同时废置不仁不义的人，结果天下大治。"

接着，孔子又给鲁哀公讲了一个"史鱼尸谏"的故事——

春秋时期，卫国有一位有名的大夫叫史鱼，他临死的时候对儿子说："我本想把蘧（qú）伯玉推荐给国君，但未能做到，又想把弥子瑕罢免出朝，也没有做到。我活着不能帮助国君举贤斥枉，死了就不应当享受丧礼的待遇，我死后把我的遗体放在北堂就行了。"不久，卫灵公前来吊唁，史鱼的儿子把父亲临终的话说了一遍。卫灵公听后，很感慨地说："你父亲活着时推举贤才贬斥不肖，死后还要对我进行尸谏，真可谓尽忠了啊！"说罢，卫灵公让人把史鱼的灵位迁到正堂，按照礼节完成祭祀。事后，卫灵公终于采纳了史鱼的"尸谏"，提拔蘧伯玉，罢免弥子瑕，由此卫国大治。

赏析

孔子认为，要使民心悦服归顺，做君主的在用人上必须坚持一个原则：重用正人君子。但是，对人才的考察识别需要一个过程，所以有时候难免会用佞臣小心，但重要的是决不能向这种小人委以重任。诸葛亮《出师表》云："亲贤臣，远小人，此先汉所以兴隆也；亲小人，远贤臣，此后汉所以倾颓也。"这便是对"哀公问政"这典故的最好诠释。

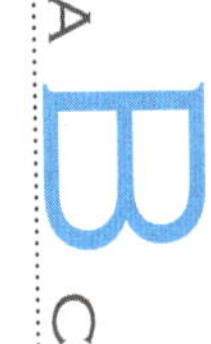

暴虎冯(píng)河

释义

赤手空拳地打老虎，不乘船徒步涉水。比喻有勇无谋，冒险蛮干。暴虎：空手打虎。冯河：徒步过河。

故事

子路是春秋时期鲁国卞（今山东泗水）人，姓仲，名由，也叫季路。他身材魁梧，体格健壮，性情刚强直率，年轻时就以勇力闻名于乡里。后来，子路当了孔子的学生，孔子有事外出，子路经常担任侍卫。孔子曾经对人说："我自从有了子路，再也听不到有人敢当面恶语中伤我了。"

子路读书不多，孔子劝他好好学习，他却说："南山的竹子，不用加工就是直的，砍下来做箭，照样可以射穿犀牛皮。学习有什么用！"他还喜欢夸耀自己善于带兵打仗，他说："如果有一支强大的敌军向我进攻，我能够直闯敌阵，拔旗斩将，辟地千里！"

有一次，孔子对学生颜渊说："当政者用我呢，我就施展抱负；不用我，我就藏身民间；真正能做到这一点的，只有我和你呀！"

子路听到老师这样夸奖颜渊，心里很不服气，于是就转弯抹角地问孔子："老师，如果让您统领三军，那么，您愿意找什么样的人来共事呢？"子路心想，冲锋陷阵自己要比颜渊强得多。谁知孔子却回答说："赤手空拳去和老虎搏斗，不用渡船而涉水过河，这种冒险蛮干的人，我是不和他共事的。我要找来共事的人，一定是遇事谨慎，善于谋划而能取得成功的人。"

后来，孔子当了鲁国的司寇，子路被任命为季孙氏的家臣，不久又担任大夫孔悝的属官。有一年，卫国发生内乱，孔悝与原来的太子蒯聩（kuǎi kuì）合谋，赶走了国君。这时子路正在外地，他听说京城发生变故，马上不顾一切地赶回来，他只身闯进蒯聩家，要求处死孔悝。蒯聩的部下一拥而上，把子路杀死了。

赏析

真正的勇者懂得将自己的勇力和胆识用在需要的地方，而不是逞一时的血气之勇。有勇无谋、鲁莽冒险的人只是匹夫；拥有勇气、智慧的人才是真正的勇者。当你遇到困难的时候，与其要表现自己之强、之能、之智，不如争取、团结一切力量来共同应对危机。

不耻下问

释义

不以向地位比自己低、学问不如自己的人请教为耻。形容人谦虚好学。

故事

卫国大夫孔圉（yǔ）聪明好学，为人谦虚。他死后，君主给他的谥号为“文”。子贡得知这个消息，大惑不解。因为当时的人们都知道，孔圉为官日久，生活上过于靡费，而且好色有名，这样的人，怎么称得上“文”呢？

于是，子贡前来向孔子请教：“老师，你觉得孔圉这样的人可以称得上‘文’吗？他可是毛病很多呀！”

孔子答道：“孔圉生性聪明，而且勤奋好学，称得上才学过人。他又身居要职，好多像他那样的人尾巴都翘到天上去了，而孔圉却从来不自满，而且经常就一些自己不太清楚的问题虚心向下面的人请教。他知识渊博，但却能汲取不如他的人的长处，而且丝毫不认为有伤体面，这就是被谥为“文”的缘由啊。至于其他缺点，又怎么掩饰得了他的过人之处呢？”

子贡这才恍然大悟，明白瑕不掩瑜的道理，孔圉确实无愧于“文”的称号。

赏析

孔子主张认真进行自我修养的人可以从各种人身上获得启发，得到正面或反面的借鉴。这是孔子自我修养的重要方法，这一典故也因此为人们所称颂。而这种不耻下问的虚心态度和求学精神，也正是需要我们学习和倡导的。

不患无位

释义

不担心自己没有地位。

故事

春秋战国是我国历史上奇人异士辈出的时代，这当中仅凭一张三寸不烂之舌四处游说就将战国七雄——齐、楚、燕、韩、赵、魏、秦摆布得服服帖帖、身佩六国相印、高居六国纵约长之位的苏秦，可谓奇人中的奇人。他的言行处世，对后世影响颇大。

苏秦出身贫寒，他曾师从古代著名谋略家鬼谷子，可是他出世后先后游说周显王、秦惠文王失败。他失望至极，回到家中，不仅没有受到暖言安慰与鼓励，反而“势利起于家庭”：父母见其狼狈就辱骂不止，妻子端坐织布不肯下机相见。他饿极了，向嫂嫂讨一口饭吃，嫂嫂竟托言没有柴火，不愿下厨煮饭。苏秦不禁落泪感叹：“一旦贫贱，父母亲不把我当儿子，妻子不把我当丈夫，嫂子不把我当小叔。”兄嫂、弟妹、妻妾都讥笑他，说：“周国人的习俗是以治理产业、努力从事工商、追求那十分之二的盈利为事业。如今您丢掉本行而去干耍嘴皮子的事，穷困潦倒不也是正常的吗？”苏秦听了这些话，暗自惭愧、伤感，从此闭门不出，发愤学习。他用了整整一年的时间，终于找到了与国君相合的门道，于是决定再度出山。

苏秦向燕文侯献上六国“合纵”抗秦之策，一说见效，立即被封为宰相。当时战国七雄之中，秦国为七雄之霸，其余六国均对抗强秦自保。苏秦的“合纵”计虽为良策，但实施起来并非易事，需要一一去说服六国结成联盟。

那时的战国策士说客多以恐吓开始,用利害动之。苏秦与众不同,另有创意。他在说服韩宣王时有句名言是:“宁为鸡首,无为牛后”,这句话道出一个人自尊心的重要,对于慑服于大国威力的小国君王而言,这是最好的甜言蜜语。结果,韩不再服从秦国,而赞成合纵。最终六国都拜苏秦为相国。

赏析

只要是人才,就不要担心没有地方去发挥自己的才能;只要有真正的本领,就如一块金子,终究是会发光的。问题的关键在于如何使自己成为一块金子。机会总是垂青那些有准备的人,只要不断地努力,最终一定能握住成功的手。

不事小道

释义

不从事小的技艺。

故事

宋朝康肃公陈尧咨,十分擅长射箭。他能够在百步之外射中杨树的叶子。这样的射技举世无双,再也没有第二个人能够比得上,陈尧咨对自

己的本领很是自负，常常凭这点本领自我炫耀。

有一天，陈尧咨在自家后花园的场地上练习射箭，引来许多人围观。有一位卖油的老头儿挑着担子经过，也停下来，放下担子、斜着眼睛看陈尧咨射箭，很久都没有离开。

陈尧咨的箭术果然名不虚传，射出的十支箭有九支都能射中靶心。旁边围观的人们大声喝彩，手心都拍红了，只有那位卖油的老头儿，仍用斜眼瞅着，只稍微点了一下头。

陈尧咨见老头儿似乎有点看不上他的射箭技艺，又生气又不服气，就放下弓箭走过去向老头儿说："你也懂得射箭吗？难道你认为我射箭的技术还不够精吗？"

老头儿平静地回答说："我觉得这也没啥了不起的，只不过你练得多了，手熟而已。"

陈尧咨终于发怒了，质问道："你怎么敢如此贬低我的绝技！"

老头儿也不急，不慌不忙地说："我是从我多年来倒油的技巧中懂得这个道理的。我就演示给你看一看吧！"

说完以后，老头儿把一个葫芦放在地上，又取出一枚圆形方孔的铜钱盖在葫芦嘴上，然后用一只油瓢从油桶里舀满一瓢油，再将瓢里的油向盖着铜钱的葫芦嘴里倒。只见那油呈细细的一条线流向葫芦嘴，均匀不断。等油倒光了，把铜钱拿下来仔细看看，竟然连一点油星子都没有沾上。在人们一片啧啧的称奇声中，卖油翁笑了笑，说道："我这种雕虫小技没有什么了不起，不过是手熟而已。"

陈尧咨看完表演后笑了起来，客客气气地把卖油翁送走了。

赏析

学问有许多种类，有一些小技艺，虽然不是什么大学问，但其中也有很多道理。如果深入进去，就会有所成就。做任何一门学问，都要能入乎其内，出乎其外，不要被它禁锢。只有这样，才能像故事中的老头儿那样，不盲目自大。

不信鬼神

释义

不相信鬼神。

故事

孔子虽然处在一个文化尚不发达、科学尚未开发，好多人迷神信鬼的年代，但孔子本人却从来不迷信鬼神，他第一重视的是人本身。这虽然不能解释为唯物主义，但至少是一种求实的理性。

有一次，孔子不慎染病，数日卧床，不见好转。弟子子路看在眼里，急在心里，只是一时也想不出什么好的办法。

一日，子路外出，忽见有巫师作法，为人“治病”，便想到既然巫师有此神通何不请来为老师看病呢？于是，他急忙返回，兴冲冲地来到孔子身边说：“老师，这下您的病不用发愁了，我有办法了。”

孔子以为子路遇到什么名医或者寻访到什么妙方了，便问：“是吗？找到医生了？”

子路答非所问:“找到了,是一位很威风的大师。”

医生还要威风?孔子不解:“仲由,你说说看,怎么个威风法?”

子路于是极其认真地模仿巫师装神弄鬼的样子,口中还不住地念念有词。

孔子一看就明白了,不由哈哈大笑起来,笑罢才说:“仲由,你比那巫师还要高明十倍,这不,你的鬼神刚一动作,我的病就好了一半。”

赏析

在孔子生活的时代,迷信活动还是普遍存在的,而孔子却“不信鬼神”,不相信祈祷能解除病痛。随着科学的发展和人类社会的进步,人类渐渐摆脱有神论的迷信和束缚,从而获得真正的精神上的自由。人不应该是鬼神的奴隶,而应该是自己的主人。

不知肉味

释义

原指被美妙的音乐所陶醉,因而辨不出肉味。后形容专心学习,吃东西辨不出味道。

故事

孔子年轻的时候，曾经到齐国去游历。他在齐国最愉快、最难忘的事，莫过于亲自欣赏了《韶》乐的演出。

一日，孔子在齐国国都闲游，忽然，一曲美妙悠扬的乐曲进入了孔子的耳鼓。孔子急忙上前，驻足旁听。那乐曲描绘了一幅和风细雨、鸟语花香、男耕女织、尊老爱幼、怡然恬静的田园风光和太平盛世的图景，塑造了一位敦厚大度、谦恭礼让的慈祥的老者形象。孔子听得入迷，连连赞叹道："没料到世上竟有如此美好的音乐！"他按捺不住地询问路人，别人告诉他，这是齐国太师（乐官）的府第，一定是太师在弹琴，于是孔子登门拜访。

孔子与齐太师一见如故，谈话十分投机，他们谈论音乐，太师有问必答。太师告诉孔子，方才弹的曲子名《韶》，乃歌颂虞舜之作。

孔子说："我要学习《韶》乐，希望太师指教！"

齐太师告诉孔子，《韶》乐在齐国演奏时，表演者化装成凤凰和天雉翩翩起舞，同时有不同的乐器加以伴奏，场面盛大，声音洪亮，舞姿动人，充满了一种浑厚的浪漫色彩。齐太师又专门为孔子排演了《韶》乐，不分昼夜地表演。孔子常常是边吃饭边操琴，或狼吞虎咽地吃完一餐饭又练，至于吃的什么，滋味如何，全然不知。这样过了3个月，直到他自以为达到理想的境界为止，因此，《论语》上说："子在齐闻《韶》，三月不知肉味。"

孔子对《韶》乐的欣赏，达到了主体和客体交融的审美境界，他领悟到口腹的快感远远不能和精神上的愉悦相比，他赞叹道："《韶》乐是世界上最好的音乐，尽善而又尽美矣！"

赏析

当我们醉心于一件事情的时候，就会忘记周围的事物，甚至是废寝忘食。而我们面对知识感到枯燥无味，不是因为知识本身食之无味，而是我们还没有被它们陶醉而已。就像醉心采蜜的蜜蜂，它们不会厌烦千篇一律的动作，不会觉得整日辛劳是负担，正是因为它们执著于此，才能闻到花香。

察言观色

释义

琢磨对方的言语，观察对方的脸色，以推测对方的心思。

故事

子张是孔子后期的弟子之一，也是一个很有才华、很有抱负的青年。有一次，他就读书之后的出路问题请教孔子："老师，读书人怎样才可以叫做通达呢？"

孔子不是像往常一样直接回答问题，而是认真地看了子张一眼，反问道："你认为通达是什么意思呢？"

子张很自负地说："我看呀，所谓'达'就是指人们在国家大臣的位置上或者在士大夫的家中做家臣时取得的工作和事业上的名望。"

孔子摇头微笑着纠正子张："你所说的这些只能叫'闻'，还算不上'达'呀。"

看见子张和众人不解，孔子接着又说："什么叫'达'呢？所谓'达'，是指具有正直而主持正义的品质，能分析他人言论和观察他人神色的能力，做事能以恭谦待人而不贪图便宜，这种人不仅在国家重臣的位置或大夫家臣的工作上办事能够成功，而且也会受人尊重。"

赏析

每一个人都有自己的感情表达方式，最浅显的就是表露在脸上或者

是一言一行之中。如若想知晓他人的心意，想更好地与人相处，我们就需要细心地去观察他人的言行举止，这样才能做到知彼而不殆。但是，这并不是让我们一味地去迎合他人的想法，而是让我们多去尊重他人的感受，多站在别人的角度想问题，这样才能建立良好的人际关系。

成人之美

释义

成全他人的好事，帮助他人实现良好的愿望。

故事

唐朝的女皇武则天十分重视任用贤才，经常派人到各地去物色人才，只要发现谁有才能，便不计较门第出身、资格深浅，破格提拔，大胆任用。所以，在她当政期间，涌现出一批有才能的大臣。其中最著名的是宰相狄仁杰。

狄仁杰当豫州刺史的时候，办事公平，执法严明，受到当地百姓的称赞。武则天听说他有才能，把他调到京城当宰相。

一天，武则天召见他，告诉他说："听说你在豫州的时候，名声很好，但是也有人在我面前揭你的短。你想知道他们是谁吗？"

狄仁杰说："别人说我不好，如果确是我的过错，我应该改正；如果陛下弄清楚不是我的过错，这是我的幸运。至于谁在背后说我的不是，我并不想知道。”武则天听了，觉得狄仁杰器量大，因而更加赏识他。

狄仁杰在当宰相之前，有个将军娄师德曾经在武则天面前竭力推荐他；但是狄仁杰并不知道这件事，他认为娄师德不过是普通武将，不大瞧得起他。

有一天，武则天故意问狄仁杰说：“你看娄师德这人怎么样？”狄仁杰说：“娄师德作为将军，小心谨慎守卫边境，还不错。至于有什么才能，我就不知道了。”

武则天说：“你看娄师德是不是能发现人才？”

狄仁杰说：“我跟他一起工作过，没听说过他能发现人才。”

武则天微笑着说：“我能发现你，就是娄师德推荐的啊！”

狄仁杰听了，十分感动，觉得娄师德为人厚道，自己不如他。后来，狄仁杰也努力物色人才，随时向武则天推荐。

一天，武则天问狄仁杰说：“我想物色一个人才，你看谁行？”狄仁杰说：“不知陛下要的是什么样的人才？”武则天说：“我需要找个能当宰相的。”狄仁杰早就知道荆州地方有个官员叫张柬之，年纪虽然老了一些，但办事干练，是个当宰相的好人选，就向武则天推荐了。武则天听了狄仁杰的推荐，便提拔张柬之担任洛州（现今的洛阳）司马。

过了几天，狄仁杰上朝，武则天又向他提起推荐人才的事。狄仁杰说：“上次我推荐的张柬之，陛下还没用呢！”

武则天说：“我不是已经提拔他了吗？”狄仁杰说：“我向陛下推荐的，是一个宰相的人选，不是司马的人选啊。”武则天这才把张柬之提拔为侍郎，后来又任命他为宰相。

狄仁杰前前后后一共向武则天推荐了几十个像张柬之那样的人才，他们后来都成为当时有名的大臣。这些大臣都十分钦佩狄仁杰，把狄仁杰看做他们的老前辈。有人对狄仁杰说：“你真是一个君子，成人之美啊！

天下桃李，都出在狄公门下了。”

赏析

成人之美是一种气度，一种胸怀，一种君子的风范。它需要宽广的胸襟和与人为善的心态。对别人遇到的好事，要极力给予支持和赞美；对别人遇到的坏事，不要幸灾乐祸甚至落井下石。那些患得患失、什么事都要算计自己能得到多少好处的人，是无法做到成人之美的，也无法享受到其中的乐趣。

箪食(dān shí)瓢饮

释义

一竹筒饭，一瓢水。形容读书人安于贫穷的清高生活。

故事

颜回是孔子的弟子中最受重视的一个，可惜他的物质生活极端贫乏，身患疾病而长期不能医治，故英年早逝。这使孔子非常伤感。

颜回死后不久，有一个新进门的弟子总听见师兄们颂扬颜回的品德和学问，便怀着好奇的心情问孔子："老师，这些天来，我总是听见您和其他人谈论颜回，他果真那么贤德吗？您能否评价一下他呢？"

孔子沉重地说："要说颜回啊，那可真是不错。他家境极其贫困，每天只吃一小碗饭，喝一瓢水，从不企求什么美味佳肴。他住的房子，几乎就是仅能遮风避雨的陋室。"

那名弟子听后不禁感叹："在这样的条件下，生存都很困难了，颜回又怎么能做学问呢？"

孔子几乎陷入了一种久久的回味中，当年与颜回师生论道的日子似乎又回到了眼前。口中只是喃喃地说道："是啊，一般人在那种条件下早就退缩了，可是颜回却自得其乐，他从不为物质生活的贫困而苦恼，他把全部的身心都投入到学业上去了。唉！颜回可真是一个难得的高尚君子啊！"

说到这里，孔子几乎忘却了身边站立的弟子。而那个学生也被老师的这种忘情深深地打动了。

赏析

作为儒家代表人物的孔子，他对最得意的学生颜回安贫乐道的美德不止一次地赞赏，这是因为颜回的道德修养达到了仁德的美好境界，行为也正符合孔子“仁”的思想原则。注重精神生活追求，轻视物质生活享受是儒家的一种人格理想，也是现代社会中需要倡导的一种美好品格。

当仁不让

释义

遇到应该做的事就积极主动去做，不退让。

故事

“仁”是中国儒家道德规范的最高原则，也是孔子思想体系的核心理论。什么是“仁”呢？孔子的学生樊迟曾经3次向孔子提这个问题，前两次樊迟对孔子的回答都不能理解，第三次孔子作了最简单的解释：“爱人。”孔子还说：“泛爱众，而亲仁。”孔子说的“仁”，就是“博爱”的意思。

有一次，那位喜欢白天睡觉的学生宰予故意跟孔子抬杠，他问孔子：“老师，您平时常说要仁爱，现在如果有人掉到井里，仁人是否也要一起跳下去救他呢？”孔子说:“你问的是什么傻问题？君子可以想办法把井里的人救出来,却不能跟着他跳进去;君子可能会被欺骗,却不能被蒙蔽。”

可见,孔子的“仁”是有智能的仁爱,而非盲目的爱。当学生遇到可实践仁道的机会时,即使是老师在场,也不必谦让。

赏析

“当仁不让”的思想值得提倡,不仅在老师面前,在父母、长辈、上司、伟人面前,都应该当仁不让。换句话说,表现仁德应该是我们每个人的一种本能,而不应该是一种可以让来让去的礼仪。当然,礼崇尚谦让,但若遇到需行仁德之事,则应以为己任,勇往当之,无所谦让。

道听途说

释义

路上听来,路上传播的消息。泛指没有根据的传闻。

故事

在曾参的家乡费邑,有一个与曾参同名同姓的人。有一天,那个人在外乡杀了人。结果,“曾参杀了人”的流言便传遍了曾参的家乡。

第一个向曾参的母亲报告情况的是曾家的一个邻人，那人没有亲眼看见杀人凶手。他是在案发以后，从一个目击者那里得知凶手名叫曾参的。当那个邻人把“曾参杀人”的消息告诉曾参的母亲时，并没有引起预想的那种反应。曾参的母亲一向引以为傲的正是这个儿子。他是儒家圣人孔子的好学生，怎么会干伤天害理的事呢？曾母听了邻人的话，不惊不忧。她一边安之若素，有条不紊地织着布，一边斩钉截铁地对那个邻人说：“我的儿子是不会去杀人的。”

没隔多久，又有一个人跑到曾参母亲面前说：“曾参真的在外面杀了人。”曾参的母亲仍然不去理会这句话，她还是坐在那里不慌不忙穿梭引线，照常织着自己的布。

又一会儿，第三个报信的人跑来对曾母说：“现在外面议论纷纷，大家都说曾参的确杀了人。”曾母听到这里，心里骤然紧张起来。她害怕这种人命关天的事情要株连亲眷。因此，顾不得打听儿子的下落，急忙扔掉手中的梭子，关紧大门，端起梯子，越墙从僻静的地方逃走了。

从曾参良好的品德和慈母对儿子的了解、信任而论，“曾参杀人”的说法在曾母面前是没有市场的。然而，即使是一些不确实的说法，如果说的人多了，也会动摇一个慈母对自己贤德儿子的信任。由此可见，缺乏事实根据的流言飞语是可怕的，也正如孔子所说的“道听而途说，德之弃也”。

赏析

不管读书做学问，还是提高道德修养、做人处世，都应该根据确切的事实材料，用分析的眼光看问题，而不是轻易地去相信一些流言飞语。谎言重复千万遍仍然是谎言，但对于听谎言的人来说，却往往会造成视听混乱。因此，不论是听到消息还是向人传达消息，我们都要用睿智的“筛子”将获得的消息筛选过后，才能讲出来，切莫道听途说。

道与六艺

释义

以仁德为最高道德标准，以六艺为主要教育内容。指孔子教导学生全面均衡发展。

故事

孔子周游列国，再次返回鲁国，有了一个比较安定而优越的环境后，前来拜师入门的弟子络绎不绝。

一天，孔子把一群新进门的弟子召于堂前，开始了入学训导。

孔子说："你们尽管是新进学门，但一开始就要有远大的志向，为追求仁治王道奋斗不息，甘愿以身殉道。"

弟子们点头称是，人人表示要牢记于心。

孔子又说："在基于道德的基础上，为人处世要力求于仁，而不能有丝毫与仁者相违的放纵。"

弟子们再次响应，孔子最后说道："在上面两点的基础上，你们才可以广泛地涉猎礼、乐、射、御、书、数等六艺，把自己培养成一专多能、全面发展的人才，这样你们就会实现自己的志向，为社会、为王道大业作出应有的贡献。"

赏析

"道与六艺"是孔子教导人们增长学问修养的标准：首先要有大目

标，立志于道，进行仁、德的自我修养，只要主观努力，仁道都可以求得。以道德规范为行为的准则，做事符合“仁”的要求，掌握六艺的本领。自如游憩于礼、乐、射、御、书、数之中，这样就能完善自我品德修养，为人处世不会背离仁道的原则。

德者有言

释义

有道德的人一定有善言。

故事

在孔子的弟子当中，子夏的勇武是与子路齐名的。孔子曾经说过：“天下道德不能盛行、行为刻薄而不敦厚的时候，则要颜回、闵子骞陪伴我；当志向不能实现，经常遭遇世人冷眼和威胁时，则要子路和子夏陪伴我左右。”

子夏在卫国的时候，一天下午正在赶路，忽然看见迎面奔来一辆马车，驾车人是王宫使者，子夏高声问道：“为什么跑这么快？”使者满脸是汗，气喘吁吁地说：“大王午睡起来，要我去召勇士公孙悁。”子夏一听有了兴趣，原来卫灵公要请武士，便说：“如果不是公孙悁，但是其勇武和公孙悁一样的人可以吗？”

使者定眼看了一眼，见子夏长得身材高大，虎背熊腰，浓眉大眼，全身上下透出的英武之气决不在公孙悁之下，便领着子夏去见卫灵公。

卫灵公见公孙悁没有来，生气地问道："我命令你去召武士，为什么召来一个儒生？"使者回答说："回大王，我去召公孙悁，路上遇见此人，他说自己与公孙悁一样勇武，所以就把他带来了。"

卫灵公说："原来如此，请先生坐下，再去召公孙悁来！"

一会儿，公孙悁来了。人未进门，便闻其声，只听见他大声叫道："子夏快快跪在我脚下！我才留下你的人头！"

子夏寻声望去，只见公孙悁手持长剑，一脸杀气，气势汹汹地站在门口。子夏面不改色，端然不动，对公孙悁说："收起你的剑来，我和你谈论勇武。"

卫灵公说："公孙悁，收起剑进来，我要听你们二人谈论勇武。"

子夏说："如果我和你一起跟随大王西行会见晋国的赵简子，赵简子披头散发，手持长矛，见此情景，我急速走到赵简子面前，对他说：'诸侯相见，不穿朝服不合乎礼节。您若换上朝服，子夏将割下头颅把血溅满你全身。'赵简子听罢，便会回去换上朝服会见我们大王。在这件事上，是你勇敢还是我勇敢？"

公孙悁面有惧色，回答道："你勇敢。"

子夏说："你输给我一次了。我又和你跟随大王向东走到齐国，会见齐国君主，齐国君主坐椅上有双重褥垫，而只给我们大王一个褥垫，我大步向前，对齐国国君说：'按照礼节，诸侯见面，不可居高临下地观看。'说罢，我上前从齐国君主身下抽出一个褥垫，使他与大王平起平坐。在这种情况下，你将怎么样？"

公孙悁沉默片刻，脸色变红，说道："我不如你勇敢。"

孔子针对子夏和公孙悁谈论勇武的情况，说道："有道德的人一定能说出有价值的言论，但是能说出有价值的言论的人，不一定有仁德。仁人必是勇敢，但勇敢的人不一定有仁德。”

赏析

修炼得高尚的德行，要经受残酷的社会考验，要经历长久的时间磨砺。经过一遍又一遍地洗礼，品格依然纯洁和高尚的人是有相当的社会阅历，也有着积极正面的思想的。这样的人口中即便不是字字珠玑，也是至理箴言。对于他们的言论，我们要耐心倾听，乐于学习，这样才能够得到他人磨砺出的珍珠，为己所用。

发愤忘食

释义

努力学习或工作，连吃饭都忘了。形容十分勤奋。

故事

春秋时期，孔子带领学生周游列国讲学，来到楚国叶邑，叶公沈诸梁把他们请到家里做客。

席间，叶公向孔子请教了一些政事问题。孔子告诉他："一个国家的政治得失，首先在于当政者本人能否做到正直无邪；其次在于选拔任用德才兼备的年轻人才，而不是任人唯亲；再次要遵循为政治国的一般原则，即在逐步满足老百姓的物质生活需要的同时，还要注重提高他们的思想文化水平，做到相互促进，相辅相成。"

叶公听孔子讲这些道理，感觉很熟悉，但又很生疏。有些道理他也明白，可就是做不到，或者说根本不想这样做！

结果，孔子只在叶公家里住了一宿，第二天就离开了。

当孔子一行人要走时，叶公还想问点什么，但又觉得不好意思再见孔子，他就找到子路，向他打听："子路，你的老师究竟是怎样一个人？"

子路觉得不便回答，就暂时走开了。随即，子路向孔子转述了叶公的问话。

孔子告诉子路，说："你何不对叶公讲：我的老师呀，他平时学而不厌、诲人不倦、发愤忘食、乐以忘忧，连自己已渐入晚年之境也忘却了，如此而已。"

叶公听了子路转述孔子的话，羞愧万分。

赏析

民以食为天，食物是人们生存的必需品。所以口渴饮水、饥饿进食都是人之常理。如果有人为了求知或是追求自己的梦想，一时间忘记了饥饿，忘记了疲惫，那么他们就离自己渴求的彼岸不远了。而孔子这种发愤忘食、乐而忘忧的精神，也成为千百年来有志之士追求事业成功的座右铭。

樊迟敬神

释义

樊迟敬畏鬼神。指对鬼神采取敬而远之的态度。

故事

樊迟是孔子诸多弟子中比较重视实际的一个。有一天，孔子到樊迟的宿舍去检查功课，樊迟正在品读《诗经》，师徒二人就政务管理问题展开了讨论。

樊迟请教道："老师，对于从政者而言，怎样做才算得上是聪明的呢？"

孔子立刻回答："一个好的地方官，首先应该在伦理道德上下工夫啊，如果能使自己属下的百姓通文晓理，人与人之间和睦相处，那他就可以算是一个聪明人了。”

樊迟又问:“老师,现在百姓都很相信鬼神,地方官应该不应该敬仰鬼神呢?”

孔子沉思了一阵,然后才慎重地说:“樊迟啊,你问的这是一个大问题,要细说呢,一下子是说不清楚的。简单说吧,我认为,对于鬼神,你可以采取敬而远之的态度,不要在这方面费什么力气。做官,还是要靠人的努力和作为,神鬼是靠不住的。”

樊迟进一步求教:“老师,那么对于一个地方官来说,他怎么做才能称得上仁者呢?”

孔子很高兴樊迟这种刨根问底的精神,拍着樊迟的肩膀说:“不论做官做到什么地步,都要有一种精神,那就是先经历实践的困难,有名有利的事情退居在他人之后而不计较,这样的人就可以算是仁者了。”

赏析

“樊迟敬神”,这是孔子在承认有鬼神的前提下,提出对鬼神既不轻慢亦不要予以亲近的主张,这与其在日常生活、社会活动中强调“未能事人,焉能事鬼”的态度是一致的。孔子对鬼神采取敬而远之的态度,他认为人间的事情不要被神主宰,所以要敬而远之。

富贵浮云

释义

富足和尊贵，犹如天上的浮云一般轻飘。比喻把金钱、地位看得很轻。

故事

春秋时期，孔子从楚国重返卫国，卫国的国君卫国公想委孔子以重任，但孔子不合时宜地提出了“正名”的主张。当时，卫国公正同他的父亲蒯聩争夺君位，孔子所提倡的君要像君、臣要像臣、父要像父、子要像子的“正名”主张，无疑是哪头也不讨好，怎能被重用呢?

当时，就连孔子的学生子路也为老师这样不识时务的顽固而气恼，粗鲁地指责自己的老师。

“您可真是个迂腐的先生啊！”

孔夫子就是这样一个顽固的老头儿！他不会放弃自己的政治理想，更不会像猫头鹰一样去吃那种腐烂的死老鼠。他曾经说过：

“道不行，乘桴（fú）浮于海。”

这句话意思是说：我的主张行不通的时候，就坐上一个木筏子到海外去。

这正是一个典型的政治理想主义的经典思维方式与行动准则。当他的抱负与理想不能实现的时候，他绝不会去曲意苟且以取得荣华富贵。这也正是一个一心希望创建理想政治局面的理想主义者，与那些以求取功名富贵为目标而关心政治的人的最大不同之处。

晚年的孔子，一心致力于教育事业。有一次，他对弟子说：“吃着粮，喝着冷水，再枕着自己的胳膊睡上一觉，这真是极大的乐趣啊！那种用不义的手段得到的荣华富贵,对于我来说,就像天上的浮云一样啊!”

孔子的这句话,在后来的几千年中,得到了许多像他一样的志士仁人的赞许,已经演化成一句很经典的名言:

功名富贵如浮云耳!

赏析

在中国的传统文化中,人们认为对于用不义的手段去获取的权力和财富,要看得像浮云一样。孔子的这个思想与孟子“富贵不能淫,贫贱不能移,威武不能屈”的坚定意志一样,给后代追求理想的人们以巨大的鼓舞。“富贵于我如浮云”也成为后世一些人追求理想境界而蔑视荣华富贵的一种宣言。

富贵人欲

释义

富有与尊贵,是人们所期望的。

故事

孔子一生贫穷,但他并不反对别人发财。有一天,孔子正和弟子们谈

论道德问题，一位弟子问："老师，有学问有道德的人可不可以追求金钱和地位呢？"

孔子听后略一停顿，回答道："金钱和地位，这是人人梦寐以求的东西，君子为什么不可以希望得到它们呢？当然，君子追求金钱和地位的途径不能与小人相同，如果不择手段地谋取金钱和地位，那么，君子宁愿放弃一切。"

那弟子又接着问："老师，既然如此，那么君子又怎样才可以摆脱贫贱呢？"

孔子微笑着回答："贫穷与卑贱是人人都不愿意的。难道君子就应该地位下贱、经济窘迫吗？不是的。但是，君子应当通过光明正大的手段去摆脱贫穷，而不应当用歪门邪道达到富贵。"

这时候，又有弟子问："在富贵的诱惑面前，君子如何才能抵御歪门邪道呢？"

孔子正色道："这就要看我们的人格精神和道德力量了。作为君子，哪怕是一顿饭的工夫也不能离开仁德，哪怕在仓促动作的瞬间也不能忘记仁义。如果离开了仁德礼义，那就谈不上君子之为了。"

赏析

"富贵人欲"这个典故，强调了两点：一点是"君子爱财取之有道"，另一点是一个人必须随时随地把"仁"的理念贯穿在自己的一言一行之中。孔子把追求钱财和富贵作为人的正当需求，是非常正确的。而孔子提出了要用正当的方法去满足个人需求，也符合今天公认的社会准则。

割鸡焉用牛刀

释义

意思是杀鸡何必要用宰牛的刀。比喻办小事情用不着花大气力。

故事

子游是孔子的得意弟子之一，以“文学”（当时的“文学”还包括礼乐教化）出名。他曾经做过鲁国武城的县令，政绩颇佳。这个地方的老百姓都安居乐业，歌舞升平。

一次，子游邀请自己的老师孔子来武城观游指导。孔子当然愉快地接受了邀请。来到武城，自然由子游陪同游览。但见莺歌燕舞，好一派太平景象。这时，孔子听到有弹琴唱歌的声音，就微笑着说：“杀个小鸡，何必用宰牛的刀呢？”

子游马上对答说：“我过去听老师说过，做官的人学习了礼乐之道，就会有仁爱之心；老百姓明白了礼乐之道，就容易听使唤。所以我就教给他们音乐。”孔子听了，回头对跟随的弟子们说：“子游的话是对的，我刚才说的话不过是同他开玩笑罢了。”

当时的礼乐制度，主要是针对贵族的，所以当子游将音乐教给老百姓时，孔子才说“杀鸡何必用宰牛刀”这样的话。

赏析

牛刀对于一只小鸡来说，确实是大材小用，有浪费资源之嫌。我们也

许经常干这样的傻事，明明很简单的事情，可以用很简化的方法处理，却非得将事情弄得复杂。在解一道题的时候，方法很多，我们应当选择最简便的一个去解决问题，这能节省不少精力。

古今学者

古代和今天求学的人。

孔子和他的弟子经常在一起谈古论今，只要是有关学问、品德方面的事，他们都会讨论。

有一天，孔子师徒又聚在一起谈论古今读书人的差异问题。

孔子说："古代学者求学，是为了提高自己的道德学问，现在学者求学，是为了适应别人的需要，做样子向别人炫耀。"

子贡马上迎合说："现在一些读书人，自称志在追求真理，可是对于自己较为清贫的生活条件又感到羞耻和不满，这样，又怎么值得跟他们谈论真理呢？"

孔子说："古时候的君子，进食不求饱足，住房不求安适，工作勤劳而且讲话谨慎，常到有学问修养的先生那里取得帮助，不断促进自己，这样就称得上是好学了。现在，颜回也是一个很好的例子。别人都忍耐不了他这种清贫的生活条件，可是他依然乐在其中！”

曾子说：“老师，您本人也是我们很好的榜样啊！您曾讲过，吃粗粮、喝清水、弯转胳膊当枕头，快乐也就在里头了，如果干些不义的事情来获得高贵，那么，这种富贵对您来说，就好比天上的浮云，何足挂齿！”

孔子说：“要是国家太平了，人人却还贫穷且又低贱，那么这是可耻的；要是国家衰乱，个人却富裕且又高贵，这也是可耻的。现在，既然富贵不可求，就还是干我自己喜欢的事情吧。”

孔子说到这里，转身对身边的弟子说：“你现在的学问足可以出仕做官了。”

他的弟子回答说：“老师，我对做官这事没有兴趣，还是让我继续留在这里进德修业吧！”

孔子听了很高兴，又很感慨地说：“3 年学习下来，还没有做官求禄的念头，真是难呀！”

赏析

“古今学者”这个典故，孔子用古代人与现在人学习的态度、目的作比较，赞扬古代人学习是为了提高自己的道德品质修养，担负起实行仁德的重任。批评了当时社会上某些人不是踏踏实实做学问，而是心不在焉，崇尚虚名，为了向他人炫耀而学习。勉励人们奋发向上，实事求是，做一个对国家和社会有用的人。

观过知仁

释义

察看一个人所犯的过错，就可以了解他的为人。

故事

大夫孟孙在打猎的时候，费了很大的劲儿才捕捉到一只小麋鹿。于是，他高兴地让自己的手下秦西巴将它带回去。

秦西巴在回去的路上，发现一只母鹿，也就是那只小麋鹿的母亲，一直跟在他后面，并不时地发出阵阵哀鸣声。秦西巴感到于心不忍，便把小麋鹿放掉了，母鹿和小鹿又一块儿高兴地跑回了山林。

孟孙回来，知道自己好不容易才捉到的麋鹿被放掉了，于是勃然大怒，把秦西巴痛斥一顿，然后把他赶走了。

但是，3个月以后，孟孙又将秦西巴招回并委以重任，还让他担任自己儿子的老师。有人问为什么要这样做。孟孙说："他既然不忍心小鹿遭难，又怎么会忍心我儿子不好好学习呢？"

秦西巴因为先前放鹿的过失反而得到了孟孙的信任和重用，这正是由于他内在的仁德。这也正是孔子所说的"观过知仁"呀！

赏析

孔子主张通过人们的外在表现，包括人们的错误和失误来观察、分析人们内在的东西。但是，即使如此依然还是不能全面地判定一个人，毕竟，人是一个由多方面素质构成的综合体，除了外在表现，还会通过其他的方式来表现他的特性。通过观察一个人犯的错误和作出的成绩这两方面的情况，才能真正比较全貌地考察一个人。

过勿惮(dàn)改

释义

有了过错，就不要害怕改正。惮：害怕。

故事

西晋时期有个叫周处的人，由于父亲很早就死了，自小没人管束，成天在外面游荡，不肯读书，而且脾气倔犟，动不动就挥拳打人，甚至动刀使枪，因此义兴地方的百姓都害怕他。

义兴邻近的南山有一只白额猛虎，经常出来伤害百姓和家畜，那里的猎户也制伏不了它。当地的长桥下有一条大蛟，出没无常。义兴人把周处和南山白额虎、长桥大蛟联系起来，称为义兴"三害"。这"三害"之中，最使百姓感到头痛的还是周处。

有一次，周处在外面走，看见人们都闷闷不乐。他找了一个老年人问道："今年年成挺不错的，为什么大伙那样愁眉苦脸呢？"老人没好气地回答："三害还没有除掉，怎么高兴得起来！"周处第一次听到"三害"

这个名称，就问："你说的'三害'是什么呢？"老人说："南山的白额虎，长桥下的大蛟，加上你，不就是'三害'吗？"周处吃了一惊：原来乡间百姓都把他看成和虎、蛟一般的大害了。他沉吟了一会儿，说："这样吧，既然大家都为'三害'苦恼，我把它们除掉。"

过了一天，周处果然带着弓箭，背着利剑，进山找老虎去了。到了密林深处，只听见一阵虎啸，从远处蹿出了一只白额猛虎。周处闪在一边，躲在大树后面，拉弓搭箭，"嗖"的一下，射中了猛虎前额，了结了它的性命。

周处下山告诉村里人，有几个猎户上山把死虎抬下山来。大家都高兴地向周处祝贺，周处说："别忙，还有长桥下的大蛟呢。"

又过了一天，周处带了弓箭刀剑跳进水里去找大蛟去了。那条大蛟隐藏在水深处，发现有人下水，想跳上来咬。周处早就准备好了，在大蛟身上猛刺一刀。那大蛟受了重伤，就往江的下游逃窜。周处一见大蛟没有死，就紧紧跟在后面，大蛟往上浮，他就往上面游；大蛟往下沉，他就往水底钻。这样一沉一浮，一直追到几十里以外。

三天三夜过去了，周处还没有回来，人们议论纷纷，认为这次周处和蛟一定是两败俱伤，都死在河底里了。大家喜出望外，街头巷尾，一提起这件事，都是喜气洋洋，互相庆贺。

没想到第四天，周处竟安然无恙地回家来了。人们大为惊奇。原来大蛟受伤后，被周处一路追击，最后流血过多，动弹不得，终于被周处杀死。

周处回到家里，知道他离家 3 天后，人们以为他死了而很高兴，这件事使他认识到，自己平时的行为被人们痛恨到了极点。

于是，周处痛下决心，离开家乡找老师学习。那时候吴郡有两个很有名望的人，一个叫陆机，一个叫陆云。周处去找他们，陆机出门去了，只有陆云在家。

周处见到陆云，把自己决心改过的想法诚恳地向陆云谈了。他说："我后悔自己觉悟得太晚，把宝贵的时间白白浪费了。现在想干一番事业，只怕太晚了。"

陆云勉励他说："别灰心，您这样有决心，前途还大有希望呢。一个人只怕没有坚定的志气，不怕没有出息。"

从那以后，周处一面跟陆机、陆云刻苦读书，一面修养自己的品德。他勤奋好学的精神受到大家的称赞。过了一年，州郡的官府都征召他出来做官。到了东吴被晋朝灭掉以后，他就成为晋朝的名臣。

赏析

有了过错就要设法改正，这虽然是一个非常简单的要求，但却往往很难做到。因为在现实生活中，有的人常常会文过饰非，明明错了也要坚持不改，甚至用新的错误去掩盖旧的错误。更有一些人，为了面子，坚持不改正自己的错误，使许多原本简单的问题复杂化，结果不但伤害了自己，更伤害了别人。可什么是真正的过错？如果有过错而不肯改，就是真正的过错。

过犹不及

事情做过了头和做得不够一样都是不合适的。强调做事要恰到好处。

故事

子张与子夏都是孔子的弟子中成绩比较突出的人物。子夏长于文学，做事小心谨慎，从不马虎，曾经说过“学而优则仕，仕而优则学”的话，但做事情时常不到位。子张则深思好学，但是思想偏激，爱走极端，做事情又容易超出原则。

有一次，孔子对这两个弟子进行评价，阐明自己的“中庸”原则。子贡认为“过”的原则好一些，孔子纠正子贡的观点，他中肯地说：“在追求一个目标的过程中，多走一步或少走一步，同样都是没有达到目标，并非是走得越远就越接近目标，结果就越好。这就是‘过犹不及’。”子贡听后恍然大悟，终于明白了“过”和“不及”同样不好，修身是这样，做事情、处理问题同样也是这样。

赏析

孔子主张做事既不要超过，也不要不及，要恰如其分，恰到好处，符合儒家的中庸之道，过分和不及都不符合孔子要求的道德标准。今天人们耳熟能详的典故“过犹不及”便源于此，与孔子的原意毫无差别，时刻提醒着人们做任何事都应该掌握好分寸。

和而不同

释义

和睦地相处，但不随便附和。

故事

汉朝末年，有个非常有名的隐士，名叫管宁。他在辽东隐居了三十多年，三国时的魏文帝曾请他出来做官，他一直不肯答应。

管宁年轻时，曾经有一个很好的朋友，名叫华歆，他们在一起种地，一起读书，过着很平淡的生活。

有一次，管宁和华歆一起在草地里锄草，忽然，管宁的锄头挖出一块坚硬的东西，发出很响的声音。管宁以为是块石头，就把它挖出来，原来是块金子。管宁好像根本就不知道这是块金子，顺手拾起来丢到了一边。

华歆听见了响声，扭头一看，见是块金子，忙跑过去把它拾了起来，脸上露出了惊喜的神色。他正要把金子收拾起来，却看见管宁一副不屑一顾的表情，顿时觉得有点儿不好意思。他又看了看金子，只好把金子又丢到了地上。

又有一次，管宁和华歆正坐在书房里读书。那时候，人们都是席地而坐，即在地上铺上席子，人坐在席子上面。他们俩坐在一条席子上正读着书，忽然从外面传来一阵喧哗声。原来是有一位当官的骑着马路过，前呼后拥的，十分气派，好不热闹。

管宁只顾读着书，好像根本没有听见外面的吵闹声。而华歆却读不下去了，他忍耐不住，就放下手中的书本跑出去看热闹。他看了好一阵，

直到那位当官的走远了才回来。

华歆坐下来以后，心里却还是静不下来。他忍不住对管宁说起刚才看见的那位官员来，说那场面如何阔气，气派如何之大。他说得眉飞色舞，脸上流露出非常羡慕的神情。

管宁听着，心里非常厌恶。他这时已看清了华歆的真实面目，知道他向往的是荣华富贵，与自己的志向完全不一样，这正是孔子讲的“和而不同”，于是拿刀把俩人同坐的席子割成两截，对华歆说：“你不是我的朋友，从今以后，我们一刀两断！”

赏析

“和而不同”这个典故，讲的是君子讲究协调而要保持自己独立的见解。能够保持独立见解的合作是更加有力量的合作，没有独立见解的盲目合作只是乌合之众，是不能长久的，也是没有力量的。故事中的管宁和华歆俩人，志向、情趣不同，即所谓“道不同，不相为谋”。

后生可畏

释义

指年青一代势必超过前辈，令人敬畏。

故事

孔子在游历的时候，碰见三个小孩，有两个正在玩耍，另一个小孩却站在旁边。孔子觉得奇怪，就问站着的小孩为什么不和大家一起玩。

小孩子很认真地回答："激烈的打闹能害人的性命，拉拉扯扯的玩耍也会伤人的身体；再退一步，撕破了衣服，也没有什么好处。所以我不愿意和他们玩。这有什么可奇怪的呢？"过了一会儿，小孩子用泥土堆成一座城堡，自己坐在里面，好久不出来，也不给准备动身的孔子让路。孔子忍不住又问："你坐在里面，为什么不避让车子？""我只听说车子要绕城走，没有听说过城堡还要避车子的！"孩子说。

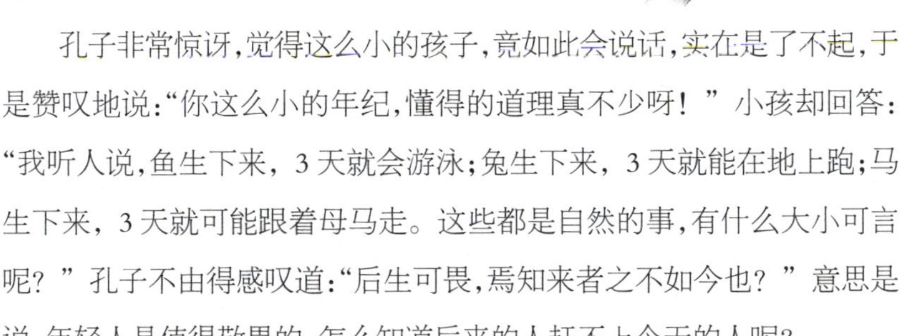

孔子非常惊讶，觉得这么小的孩子，竟如此会说话，实在是了不起，于是赞叹地说："你这么小的年纪，懂得的道理真不少呀！"小孩却回答："我听人说，鱼生下来，3天就会游泳；兔生下来，3天就能在地上跑；马生下来，3天就可能跟着母马走。这些都是自然的事，有什么大小可言呢？"孔子不由得感叹道："后生可畏，焉知来者之不如今也？"意思是说：年轻人是值得敬畏的，怎么知道后来的人赶不上今天的人呢？

赏析

“后生可畏”这个典故，是前辈们对年轻人所寄予的希望和嘉勉。孔子认为年轻人在将来一定可以超过前辈，鼓励他们要抓住当前，及时努力，奋发进取，自强不息。孔子告诫年轻人切不可半途而废，碌碌无为，虚度年华，到老时才知一生无所作为，如同《汉乐府》中的“少壮不努力，老大徒伤悲”的忠告。

祸起萧墙

释义

比喻内部发生祸乱。

故事

鲁国季氏家族到了季康子的时候，权力发展到了顶峰，完全控制了鲁国的经济和军政大权。这时，孔子的学生冉有和子路分别担任了季家的总管和费城县令。

一天，季康子找来冉有商议，准备攻打鲁国毗邻的小国颛（zhuān）臾。冉有到底是孔子的得意门生，颇受孔子的熏陶，所以一听季康子的想法，觉得不太合理。照这个想法去做，必定要挨孔子的批评。可是，作为季家的总管，冉有又不得不为季家利益着想。这样一想，又觉得季家这样做似乎未尝不可。所以，尽管冉有内心有点矛盾，有些犹豫，但最终还是顺从了季康子的建议。

不过，冉有还是担心这事将受孔子的谴责，就找来子路一起拜见孔子，以便探明孔子的意向。冉有不敢直说，只是很委婉地说季家将对颛臾这个国家有点事情要做。

这完全是含蓄、委婉的外交辞令。孔子一听便晓得其中的奥妙，所以，孔子马上表明自己的态度："这件事情，恐怕你做得太过分了！颛臾这个小国，乃是当年周武王分诸侯时建立起来的，位于中国东方的边疆，当时那些还没有开发的部落都是由颛臾主管。而今，颛臾已有好几百年的历史了，凡在版图以内的都是周室的封国，其君臣都是周室的社稷之臣，为什么要派兵攻打呢？"

冉有听了，急忙辩解说："这是季家的主张，我和子路都不是这样想的。"

孔子听了，一边严肃批评，一边晓之以理："冉有呀！据我所知，大至一个国家，小至一个家庭，不怕财物少而怕不均衡，不怕贫穷而怕不安定。这是因为均衡了就无所谓贫穷，和合了就没有多寡的问题，安定了就不存在倾危了。若是这样，一个国家就稳定繁荣了！"

孔子说到这里，显得有点激动。他分析说："而今你们两位在季家当辅佐，却没有使别人信服，所以别人就不来跟鲁国结交纳好。更糟糕的是，现在弄得鲁国内部分崩离析，各打算盘，这是迟早要崩溃的呀！此刻，你们不劝告季家自救自保，反而蠢蠢欲动，希望通过向外发动战争来转移内部的注意力，我担心的是，季家最大的烦恼和忧愁并不在颛臾这个边远的小国家，而是在于季氏自己的萧墙之内呀！"

果然不出孔子所料，季家内部不久就发生了争端祸乱。

赏析

在我们总是在抱怨外界因素干扰的时候，其实往往是我们的内部因素给了我们致命的影响。大风尽管强大，如果树干也足够强大，风是无能为力的；但是如果树本身就脆弱不堪，不用风吹，就已经轰然倒下了。事实就是如此，真正对我们造成决定性影响的是我们自身，所以我们要从内因审视自己，不要总抱怨外界条件。

己所不欲，勿施于人

自己不愿意做的事情，不要强加给别人。强调人应该宽恕待人，提倡“恕”道。

故事

有一次，颜渊问孔子，什么是仁。

孔子回答说：“克制自己的欲望，使自己的言语和行动都合于礼的要求，这就是仁。能否做到仁，全凭自己，还能靠别人吗？”

颜渊说：“请问行动的具体要求是什么？”

孔子说：“不合礼的事不看，不合礼的话不说，不合礼的事不做。”

这时候，另一个弟子仲弓也问孔子什么是仁。

孔子听后说：“出门做事好像去接待尊贵的朋友，役使老百姓好像去承担大典礼，都要严肃认真小心行事。自己所不喜欢的东西，就不要强加于人。在工作岗位上不对工作有怨言，就是在家没事做也没有怨气。”

仲弓说：“我虽然不聪明，也要照您的话去做。”

这时候，还有一个弟子叫司马牛，也来问孔子什么是仁。

孔子说：“仁人，他说起话来慢声细语。”

司马牛又问：“说话慢声细语，这就叫仁了吗？”

孔子说：“做起事来很不容易，说话能不慢声细语吗？”

司马牛听后觉得很有道理，高兴地走了。

赏析

孔子指出，应当以对待自身的态度为参照物来对待他人。与人交往，要有宽广的胸怀，切勿心胸狭窄。倘若把自己所讨厌的事情，强加在他人身上，不仅会破坏与他人的关系，也会将事情弄得不可收拾。人与人之间的交往确实应该坚持这种原则，这是尊重他人，平等待人的体现。

既来之，则安之

释义

原意是既然把远方的人招抚来，就要把他们安顿下来。后指既然来了这里，就要安下心来面对现实。

故事

春秋时期，孔子曾担任鲁国的大司寇，他的两个学生冉有和子路辅佐鲁国势力强大的王族季孙。季孙准备攻打鲁国附近的一个属国，这个属国的国君叫颛臾，听到消息后立刻加固城墙，进行防备。季孙召来冉有和子路共商出兵大计、冉有和子路想起孔子仁义治国的教诲，反对出兵，季孙很不高兴。

冉有和子路来拜见孔子，说：“季孙准备对颛臾使用武力。”孔子听了，批评他们俩说：“冉有！这难道不是你的过失吗？要知道，那个颛臾，上代的君王曾经授权给他担任东蒙山祭祀的主持人，况且他的国土早已在我们鲁国被封时的地域之内，按理说，他和我国国君都是周天子统治下的社稷大臣，为什么要去攻打他呢？”

冉有解释道：“我们两人都不赞成这样做，可是季孙自己一定要这样做！”

孔子更生气了，说：“冉有，危险时不支持，将要跌倒了还不去搀扶，还要助手干什么？老虎、犀牛逃出了笼子，龟甲、美玉毁坏在匣子里，是不是看守人的失职呢？”

冉有说：“颛臾已经把城墙筑得很牢固，他的国家离季孙的封地很近，如今不夺取它，将给子孙后代留下忧患。”

孔子听了，立刻说道：“冉有！君子讨厌别人那种不说自己有贪欲反而花言巧语找借口的态度，我听说过，不管国家也好，家庭也好，不愁少，只愁分配不均；不愁生活贫困，只愁不安定。财富平均就没有贫穷，和平安定就没有孤独，社会平安国家就不会灭亡。如果这样做了，远方的人还不来归顺，那就再研修仁义礼乐，把他们招来。既然把他们招来了，就要使他们有安定的生活。现在，你们辅佐季孙，远方的人不服，又不能把他们招来归顺；国家分崩离析，又不能守住国土完整，却想在国内使用兵力。我真担心啊，季孙的忧患不在颛臾那儿，而在鲁国王宫之内呀！”

赏析

很多时候，我们总是左右不了命运的摆布。但是我们并非屈从于命运，无所作为，任由命运的河水将我们冲向何处。当我们控制不住命运的船舵，可以静下心来，暂且不去抗争。命运将我们带至何处，我们就在

何处安下心来，在现有的环境下凭借自己的能力改变命运。而不要去怨天尤人，安之若素是我们在已成事实的命运面前最好的抗争，而不是无力的妥协。

季氏违礼

释义

鲁国权臣季氏违背周王朝的礼节。

故事

周王朝的统治日趋瓦解，延用几百年的周礼在诸侯之间也多被弃用。在鲁国，权臣季氏大权在握，更是对周礼视若无睹。

一日，季氏在家欣赏音乐和舞蹈。按照周礼，像季氏这样身份的大夫，只能摆出四人一排的舞蹈。但是季氏却毫不在乎地摆出了八人一排，而且共有八排的大型舞蹈，任舞队在院子里唱啊，跳啊。

有一个弟子把季氏这种越轨之举告诉了孔子，孔子一听，怒不可遏，在房间里一边踱步，一边怒斥季氏："他怎么敢用只有天子才可以有的排场来为自己享受呢？这是对周王的不忠，对周礼的背叛，像季氏这样的人，又有什么事情做不出来呢？"

弟子们都劝孔子暂且息怒，孔子停了一会儿，然后才深感忧虑地说：

“连贵族大臣都这样不成体统，更何况老百姓呢？国家今后不得安定了。”又过了一段时间，季氏要领着家人浩浩荡荡上泰山祭祀。

孔子得知此事，更是大吃一惊。因为周礼有规定，鲁国只有国君才可以享受祭祀泰山的权利，他季氏算什么呢？

孔子大怒不止，派人把弟子冉求从季氏家族中叫来。冉求是孔子较为满意的弟子之一，此时正在季氏家做家臣。

不一会儿，冉求应召来拜会老师。孔子毫不客气，一见面就严厉责问：“冉求，你难道不知道季氏这种做法是违礼的，要招致大祸吗？你怎么不去阻止他这种失礼的行动呢？”

冉求无可奈何地摇头苦叹道：“老师，您的意思我明白，我怎么会不阻止季氏呢？只是他们根本不听我的话，我实在无能为力啊！”

孔子感叹地说：“他们根本不计后果，这就可悲了，如此一意孤行，季氏会有灭顶之灾的。”

冉求赶忙祈祷：“但愿泰山之神保佑他们。”

孔子冷笑道：“难道泰山之神还不如普通人懂礼吗？泰山之神又怎么会接受季氏那种不合礼法的祭祀而保佑他们呢？”

最后，冉求只落得满面惭愧。

赏析

礼是孔子思想体系的重要组成部分。“季氏违礼”这个典故，是孔子对季氏多次用天子才能用的规格行事，予以的愤怒谴责。作为周礼的坚决拥护者，孔子对于季氏的这种越礼之举深恶痛绝，并义愤填膺地给予抨击。从反面教育人们做任何事情都要遵纪守法，坚持原则。

既往不咎

释义

指对以往的过错不再追究责罚。

故事

有一天，鲁哀公向孔子的学生宰予请教立社的问题。宰予知道，在古代，“社”即指土地神，也指祭祀社神的场所，因而，现在鲁哀公向他请教立社的问题，就是一件庄重而严肃的事情。宰予认真思考一下，觉得不便直接提出什么建议，倒是可以通过叙述历史来间接地表达自己的意思，于是，宰予回答说：“夏朝立社时栽松树，商朝立社时栽柏树，周朝立社时栽栗树，据说，这是为了让人战战栗栗，有所敬畏。”

孔子听了宰予所讲的话，就对前来转告的学生及身边的其他学生说：“宰予所讲的话是一语而中的。不过，对于那些已经完成的事不要再说，已经做过的事不必劝谏，已经过去的事不再追究。总而言之，对于历史，我们要有一种宽容的精神。”

为了进一步启发学生，孔子特意对在场的曾子说：“曾参呀！我的学说有一个基本思想贯穿其中。”

曾子恭敬地回答说：“是的！”

然后，孔子有事出去了。在场的其他学生连忙问曾子：“刚才你和老师的对话说的是什么呀？”

曾子解释说：“老师的思想精神，最根本的就在于‘忠恕’二字！”

赏析

“知错能改，善莫大焉”，对于每一个犯过错的人，只要是错过以后得到了教训就算有收获。但是很多人却喜欢揪住他人的错误不放，甚至还以此来耻笑对方，其实这是最愚蠢的行为。过去的错误就让它过去，不要拿来惩罚自己，更不要拿去一次又一次地伤害别人。这样，历史的错误才会成为未来“正确”的垫脚石。

见利思义

释义

面对利益时要考虑是否符合道义。指在利益和道德面前应该保持的态度。

故事

孔子经常教导弟子们要追求完美的人格。

有一次，子路就这个问题请教孔子：“老师，以您看，怎样的人才算得上是具有完美的人格呢？”

孔子说：“一个完美的人，应该具备人所能具备的各种优点。比如，在聪明和智慧上要有早先的鲁国大夫臧武仲那样的超绝和出众，对事物善

于辨明是非，对未来可以预测方向；其次呢，在物欲财富上要有鲁国大夫孟公绰那样的清廉，对名利地位如流水；然后，还要具有鲁国勇士卞庄子那样的英武之气，敢作敢为；最后一点，就是要像你的同学冉求一学多才多艺，这样才能使自己精通礼乐，长于修养。”

子路听得把眼珠都瞪大了，在他看来，如此完美无缺的人那简直是天上的神仙了。孔子看出子路的心思，略停片刻又解释说：“仲由，刚才我说的只是一种理想境界的完美，在生活中，真正完美无缺的人是不存在的。一般来说，我们只要能够做到见利思义，临危严明，长期贫困而不坠青云之志，便也可以认为是完美无缺的人了。”

这时，子路才打起精神，并向老师表示：“您看看我吧，我将照着这个目标，去努力塑造完美的自己。”

赏析

人要生存，要解决衣食住行问题，就不能没有对利的追求。但是，对利的追求，应受到一定的制约，应当不失德义。如若我们取了不义之利，则心不安，受之有愧，而且他人不服，法也不容，甚至后患无穷。宋代陈普说：“利出私情害万端，义循天理乐而安。”为了一己私利而置德义于不顾的人，是有失人格的人，这类人定会为人所不齿。

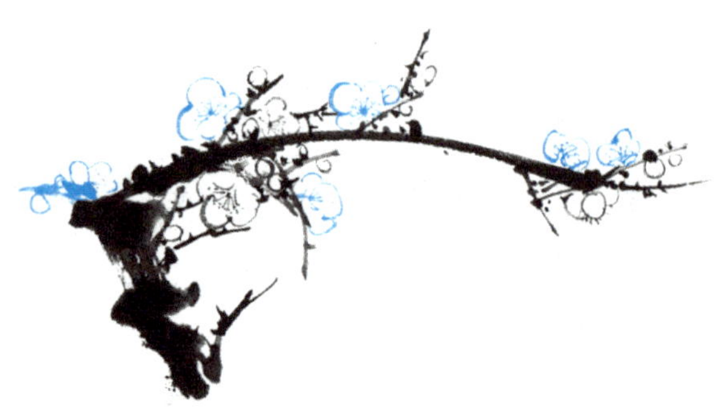

见贤思齐

看见贤人就要向他看齐。比喻要不断提高自己的修养。

一天，子夏读完书来见孔子，颜回正坐在孔子旁边。子夏按捺不住读书后的兴奋心情，对孔子说："先生，我刚刚读完这些书，心情很舒畅。"

孔子看见子夏高兴的样子，问道："你可以谈谈读书的感想吗？"

这正是子夏要做的事情，他说："当然可以。对于事物来说，书就像太阳和月亮的光芒一般明亮，像星星一样丰富多彩。书中有尧、舜伟大的道德，有夏禹、商汤、周文王高尚的礼仪。我从先生那里学到的，铭记在心中永远不敢忘记。虽然住在茅草屋里，我弹琴歌唱以颂扬先生的人格和理想。有朋友来，我快乐；没有朋友来，我也快乐。我已经能够发奋读书，修养人格，达到忘记吃饭的境地了。《诗经》上说：'一根横木做门框，房子虽破能住下。泉水哗哗流淌，清水也能填饥肠。'"

子夏说完后便看着孔子，他以为会得到老师的夸赞。不料孔子的脸色一下子变了，显得非常生气。他正在纳闷儿，孔子开口说道："我的学生开始鸿篇大论地谈论读书了！"子夏见老师真的生气了，恭立在一旁不敢说话。

孔子沉重地说："读书很重要，但做人更重要，看见品德高尚的人便要向他看齐，看见品德有缺陷的人便要检查自己是否也有类似的问题。"

子夏听了孔子的话，深施一礼说："先生的话，弟子受益匪浅，我应当向贤人学习，达到理想的人格境界。"孔子听后高兴地笑了。

赏析

孔子认为读书贵在提高自己的思想修养，要不断地进行自我反省，多向道德、学问有修养的贤者看齐，不断追求上进。如果能够学习他们的优点，反省自己的缺点，鞭策自己不断向那些贤者靠近，那么慢慢地，你的思想修养也会日渐提高。这是孔子关于学习方法的名言，也是后世儒家修身养德的座右铭。

举一反三

释义

指懂得一件事就可以类推出其他许多同类的事。

故事

孔子教学成绩博大，同行多有景仰。有一位同样从事教学多年的朋友来拜访孔子，寒暄了一阵之后，朋友作出一副很苦恼的样子说："仲尼啊！我看您教导的学生，一个个皆成大器，而我的学生则总是难得长进，

教什么记什么，从不肯动脑子想想问题，看起来倒也用功，可收效实在不大。请问，您是怎样教会学生思考问题的呢？”

孔子很为朋友的诚恳所感动，真诚地对他说：“唉，老兄，您怎么不知道，我们教育学生的原则首先应该注重培养他们的自立学习和独立思考的能力呀。如果只是满堂灌式的教学，那人与鹦鹉有什么不同呢？”

朋友点了点头，孔子又说：“说到教学方法呢，不瞒您说，我认为最好的办法就是老师不要直接把知识告诉学生，而应当首先提出问题，激发学生求知的欲望，让他们主动去动脑筋想问题，直到他们冥思苦想，说解而又不得其解的时候，再把答案告诉他们。”

朋友赞同地点了点头，然后又问：“仲尼，其实我有时也很希望他们多动脑筋，但是怎样才能使他们既会思考问题又不钻牛角尖呢？”

孔子说：“这有一个个性问题。凡能触类旁通的人，你就可以希望他学会思考，而如果有的人告诉他东方在哪边，他却不能推断出西方、北方和南方在什么方向，这样的人，就没有必要重复去开导他了。”

朋友听了孔子的话，觉得很有道理，高兴地笑着回去了。

赏析

在课堂里学习，不可能将所有的知识完全接触到，学习最重要的是方法，而不仅仅是知识。我们靠这些方法去触类旁通，举一反三，就能够得到更多的收获。这正如我们学会一些运算公式，从几道题目里提炼出来，适合于解答更多的题目。很多事情都是如此，我们学会了处理事情的方法，类似的问题往往就能迎刃而解。

君子不器

释义

君子不能像器皿那样只有单一的用途，用于赞美别人多才多艺。

故事

孔子带着几名弟子来到齐桓公的庙里参观。其中，有一个外形古朴而设计独特的器皿特别引起孔子的注意。这个器皿表面上看起来好像很普通，但是，孔子知道这里头隐含着深刻的哲理。

为了引起弟子们的注意，孔子就有意向守庙的人说："这个器皿很独特，究竟是什么器皿？"

守庙的人回答说："这叫欹器，是古人用来放在书桌右边以表示警戒自勉的。"

孔子接着说："哦！我想起来了，据说，这是当年周公传下来的吧？也可谓由来已久了。可惜的是，由于长期搁置不用，平常见到它的人就不多了，何况它所隐含的寓意也早已渐渐被人遗忘了啊！"

弟子们听了孔子这番话，都好奇而认真地问道："老师！这么平常的一个器皿，究竟隐含着什么微妙的道理呢？"

孔子严肃地说："请注意观察！这个欹器，现在什么也没装，是空的，所以站立不稳，总要向一旁倾斜；如果用水来灌满它，它就完全翻倒了；只有既不空又不满时，它才能够端端正正地立在台上。"

孔子说完，就请守庙的人做个试验，好让弟子们加深感悟，守庙的人答应了，就拿水来往里面灌。果然，不空不满时器皿就端正，满了就翻倒，空了就倾斜。于是，孔子教诲弟子们说："一个人不能像器皿一样，只有一种单一的用途。这个器具之理，就好比一个人立身处世，如果没有学问，没有根基，空空如也，那么它就会随波逐流，东倒西歪；如果骄傲自满，目空一切，自以为很了不起，高高在上，那么他就要栽跟头了；只有永不自满，谦逊为怀，才能稳稳当当地立身社会呀！"

赏析

"君子不器"，这典故是说作为君子应当是一个德才兼备、文武双全的通才，而不能像器具一样，只限于一种用途。孔子强调君子要担负起治理国家的重任，要求君子是具有博学多才、有胆有识、谦逊为怀之士。对内能运筹帷幄，对外能自如应付四方，为国家的繁荣和富强作出应有的贡献。

君子德风

释义

国君的品德就像风，老百姓的品德就像草。草遇到风，一定会随风倒伏。

故事

鲁哀公三年，季桓子（季孙斯）过世，季康子（季孙肥）继位，孔子

当时60岁。这一年，孔子特别辛苦，他离开卫国，经过宋国，到了陈国，季康子继位后，本来要迎接孔子回国，但是受到鲁国贵族的阻挠，贵族中有一个叫公之鱼的认为只要请孔子的学生冉有一类的人回来就可以了。

于是，在鲁哀公十一年时，季康子请冉有回鲁国。冉有回鲁国后不久，齐军侵入鲁国，冉有率领的军队打了胜仗，立了大功。季康子问冉有："你的军事才能是天生的还是学来的呢？"冉有说："是从孔子那里学的。"于是，季康子便派人带了重礼迎接孔子回国。

这时，孔子已经是68岁的老人了。孔子回国后，季康子向孔子请教安定社会秩序的方法，于是说："如果把坏人杀掉，来使百姓畏惧而成为好人，您认为怎么样？"孔子说："您施政何必要用杀戮的方式呢？您有心为善，百姓就会跟着为善了，执政者的道德品质就像风一样，一般老百姓的道德品质就像草一样，风吹在草上，草一定会跟着倒下去的。"季康子听后才恍然大悟，觉得要像孔子说的那样，只要自己往好的方向做，百姓才能安居乐业，社会秩序自然会变好。

赏析

人们有时候会注意他人的言行，并会加以评判。甚至有时候，总是喜欢干预他人的言行，指手画脚。这样，只会引起他人的反感。对于我们在乎的朋友，我们不要一味地去评判和指责，而要用自己的言行去感染对方，这才是最有效的说服手段。这样做既不会伤及朋友的颜面，又能让人得到指引。

君子固穷

释义

有道德、有学问的人处在贫困境地，仍然能保持自己的德行。指君子能够安贫乐道，不失节操。

故事

春秋时期，五霸纷争，好多小国夹在中间受气，又不得不分阶段地投靠诸如晋、楚、吴、越之类的大国。而这些小国的人民遭受的兵乱尤甚。孔子就曾在这些小国中受过一次兵乱之苦。

那是鲁哀公六年，孔子正在陈国滞留，突然吴、楚纷争，而吴国拿来开刀的竟是陈国。吴兵强大，战车席卷而来，楚国的援军又远水不解近渴。为躲灾难，孔子师徒不得已紧急出逃。但由于走得急，粮食带得少，刚走了不到两天便告粮草断绝。而这时，四处都是逃难的人群。孔子派几个弟子出去采购食物，很快便一个个失望而归，他们只能就地挖野菜，权且充饥。

就在这困难的环境下，弟子们不断有人因饥饿寒冷而生病，孔子却毫不在乎，照样每天讲经说法，弹琴唱诗。子路实在受不住了，冲着孔子就嚷：“老师，难道君子也有这么困难的时候吗？我们可都是知书识礼的君子呀。我们现在的问题，不是要读书，而是要先吃饭呀！”

孔子并没对子路发脾气，而是心平气和地说：“仲由，君子当然也有穷困潦倒的时候，比如今天。但是君子在任何困难面前都不会退缩。相反，只能使他们的意志更加坚定。而那些小人都是一遇到困难就不知所以，甚至胡作非为。你愿意当君子还是愿意当小人呀？”

子路挠挠头，不好意思地笑了。而就在此时，听说孔子师徒受难而紧急派兵援救的楚国大军到了。因为楚王一贯敬仰孔子，所以他们师徒也再次顺利渡过了难关。

赏析

君子和小人的区别在平时的言行之中或许很难体现出来，但是在关键时刻就可以细微之处见真知。所以，我们不但要重视平时的言行，特别是在关键的时刻，更要以君子的风度和修养来要求自己。即使遇到再大的困难，也不要丢失掉自己的信仰，也不要忘记自己的品格。只要端正好自己的心态，乌云总是遮不住阳光的。

君子三戒

释义

君子有三件事要警惕。

故事

有一次，孔子带着学生们到郊外游历，见到有人正在用捕鸟的网捉鸟。他们近前去看,发现网中尽是一些口黄未退的小鸟。孔子感到很奇怪,就问那个捕鸟者:“你的网中有这么多的小鸟儿,怎么不见有成熟的大鸟呢? 这是怎么回事啊? ”

那位捕鸟人回答说:“道理很简单啊,我的这一网正好碰到小鸟跟着大鸟飞,当然就只能捉住小鸟啦。”

孔子听了,还是搞不清楚其中的奥妙,就请那个捕鸟人说个清楚。捕鸟人说:“如果大鸟在前面飞,小鸟跟在后面,大鸟就会避开罗网,只能网住小鸟;如果小鸟飞在前面,它们不知高低,就撞到网中来了,自然也就会网住一些大鸟。”

孔子一听是这么一番道理,也很有感触,他回头对学生们说:“听啊,听啊,这是多么简单而又深奥的道理啊,有德行的人也要慎重地选择自己的发展方向,如果跟了不该跟的人,就会撞到罗网中来啊。”

孔子这是选择一些典型的生活事例来教导学生,告诫他们要选择正确的人生道路,就必须注意从各个方面避免灾祸或障碍。他曾对学生们说过:“有德行的人要警觉三件事:年轻的时候,血气尚未稳定,要警觉贪恋女色;壮年的时候,血气非常旺盛,要克制自己,不要争强好斗;等到了老年的时候,血气已经衰退,就要注意不要贪得无厌。”

在孔子看来,人生面临着许多的选择和诱惑,一个有道德有智慧的人,就必须具备分辨各种情况的能力,考虑问题要周全,做事要三思而后行。他说:“看到真善的东西,就像赶不上似的要奋力追求,看到邪恶的东西,就像是把手伸进沸水要立即拿开。”他认为一个有远见的人在做具体事情的时候,要考虑周全九种情况:看的时候,要考虑是不是看清楚了;听的时候,要考虑是否听清楚了;同别人说话的时候,要考虑自己的脸色是否温和,容貌态度是否是庄重的;说话的时候,要考虑是不是忠诚老实的;做事的时候,要考虑自己是否是严肃认真的;遇到疑难问题的时候,要考虑应该怎样向别人请教;要发怒的时候,应该考虑是否会带来不好的后

果；看到可以得到的东西，应该考虑那是否是自己应该得到的。

孔子之所以这样教导学生，是因为他的学生以后要走向复杂多变的社会，只有在各个方面预先考虑周到，处理事务能合适得体，才能避免像不知深浅的鸟儿一样撞入罗网。

赏析

孔子根据人的不同年龄提出了各个年龄段特别要警诫的事情，这是很有道理的。只是这种根据人的血气变化来划分年龄阶段的标准，与我们今天的年龄划分不太一致，因而也就比较难以把握。但是，“戒色、戒斗、戒得”这三戒，不管在什么年龄段都是应该注意的。

君子喻义

释义

君子懂得的是义。

故事

有一次，孔子对学生们说：“君子喻于义，小人喻于利。”为了加深大家的理解，孔子接着讲了下面一个寓意深刻的历史故事——

宋国有个人得到了一块宝玉，就想把它送给宋国的一位名叫子罕的大夫。可是，子罕不愿意接受这块宝玉。

那个送玉的人说："子罕大夫，您知道这是一块宝玉吧！连琢磨、加工玉的专家都认为这是一块罕见而难得的宝玉，因此，我才胆敢冒昧地献给您！"

子罕回答说："我素来以不贪取作为自己宝贵的东西，而你是以玉作为宝贝。因此，你如果把玉送给我，我接受了，这样一来，你丧失了自己的宝玉，而我则丧失了自己宝贵的东西。如此一举两失倒不如让我们各怀其宝吧！"

那送玉的人听了非常惭愧，又非常敬佩子罕的廉洁。他说："子罕大夫，您真是一位像这块玉一样难得而罕见的君子啊！"

孔子讲完这个故事，最后又讲了一句很精辟的话："君子怀德，小人怀土；君子怀刑，小人怀惠。"这句话的意思是说：君子关心的是道德教化，小人关心的是乡土田宅；君子关心的是法度，小人关心的是实惠。

赏析

对于义和利的态度，是孔子区分君子和小人的标准之一。在孔子眼中，道德高尚的君子重义而轻利，见利而为的小人重利而轻义。前者受人尊敬，而后者却让人生厌。君子重道德、守法度，行为美好；而小人以利为先，见利忘义，置社会道德准则于不顾，以期达到追求私利的目的。"君子喻义"，就是教人们的行为要以义为准则，背离仁德的利千万不可取。

君子之过

释义

品行高尚的人犯错误就像日食和月食，别人看得很清楚，只要改正，别人仍然敬仰他。

故事

子贡，复姓端木，名赐，一字子赣，在孔门中，他以言语见长。子贡在跟孔子求学之前，就曾经有从商的经验，是一个成功的商人。后来在卫国当官，又在曹国、鲁国之间买卖货物，孔子的70个有名的弟子里，就数子贡的经济状况最好。

有一次，子贡和子夏谈论君子和小人对有过错的态度。子夏说："小人之过也必文"。句中的"文"是"文饰"的意思，就是说，小人一旦有过错，一定要赶紧想办法遮掩，可能又要用说谎来圆谎，因此德行就愈来愈差了。子贡听了很同意子夏的说法，接着他说，君子有了过错与小人截然相反。君子平常光明磊落，有了过错就好像日食和月食那样，不会故意掩饰，所以众人都看得到，但是只要改过了，就好像日食和月食过后，又恢复光明与皎洁，众人依然崇敬、仰望。

子夏听后，颔首微笑，高兴地说："你说得多好啊！君子之所以成为君子，就在于当他犯错误时，是不会遮掩矫饰的，因为既然有心要改，何必怕别人知道。我们的老师也说过，不要害怕别人知道自己的过失，反而要庆幸有人提醒，使自己有改正错误的机会。"

赏析

“君子之过”这个典故，子贡用日食和月食比喻君子有过必改的坦荡胸襟。“人非圣贤，孰能无过。”这是人们常常所说的，问题是君子不怕有过，不像小人怕改而掩饰错误，而是公开承认，并且在大庭广众面前立即改正。所以说，人犯错误不可避免，君子有错就像日食和月食一样，被人看得十分清楚，认真地改过，仍会发光，人们会更尊敬他。

克己复礼

释义

克制自己，使自己做的每一件事都符合礼的要求。

故事

一个夕阳西下的傍晚，弟子们大部分都走了，只留下勤学不倦的颜回还在教室里苦思冥想。孔子走过去，怜爱地问道："你还在想什么问题呢？"

颜回不好意思地说："老师，您总教导我们在仁上多下工夫，可我至今还未搞清楚，究竟什么是仁？"

孔子很高兴弟子提出如此深刻的问题，略作思考答道："简而言之，克己复礼为仁。就是每个人都要约束自己，使自己的言语行动都合乎于周礼所规定的礼仪，这便是仁了。"

颜回又问："仁的目标如此具体，可实现起来一定很难吧。"

孔子耐心回答："说难也不难，仁德的境界非常高尚，但攀登起来也有登峰之日，一旦能够做到克己复礼，天下之人就会称你为仁者了。这种攀登当然不能是借助外力的，只有依靠自我的努力，依靠勤奋的意志和刻苦的学习。"

这时候，颜回请问仁德的具体条目，孔子回答道："首先是不合乎礼的不看，其次是不合乎礼的不听，再其次是不合乎礼的不说，最后是不合乎礼的事情决不去干。这四条，可谓全面了。"孔子说完，把充满希望的目光投向颜回。

颜回颇受感动，严肃地点点头，说：“我虽然不够聪明，但这四条一定可以努力做到。”

赏析

“克己复礼”，这是孔子关于仁的主要解释。以礼来规定仁，依礼而行是仁的根本要求。礼以仁为基础，以仁来维护，仁是内在的，礼是外在的，二者紧密结合。实际上，克己复礼就是通过人们的道德修养，自觉地遵守礼的规定。因此，在现实生活中，我们要克制自己的情感，与人相处要以礼相待，用仁爱之心来对待别人。

宽则得众

释义

有宽阔胸怀的人能得到众人的拥护。

故事

子产是郑国有名的大臣，他对老百姓一直宽厚仁慈，所以得到百姓的信任和拥护。

昭公二十年，郑国的子产生病了，他对子太叔说：“我死以后，你必然

执政。只有德行高远的人才能够用宽大的政策使百姓顺服，要是没有的话就莫不如严厉。”

子产还说：“火猛烈，老百姓看见就害怕，所以很少人死于火；水懦弱，百姓轻慢而玩弄它，死的人就很多，所以宽大并不容易啊！”

过了几个月后，子产就病死了。

太叔执政以后，不忍心对老百姓严厉而采取宽大政策。当时郑国的盗贼猖獗，多半聚集在芦苇塘里。太叔后悔了，说：“我早点听从他老人家的话，就不至于到这一步。”于是，太叔发动兵力，攻打芦苇塘里的盗贼，把他们全部都杀了。至此，盗贼才稍微收敛了。

孔子听到这件事后说：“好啊！政事宽松百姓就会怠慢，怠慢就得用严厉来纠正。实施严厉的政策，百姓伤残的就多了，这时就应该实行宽大的政策。用宽大调剂严厉，用严厉调剂宽大，政事因此调和。”

子产死后，孔子有感而发，流下了眼泪说：“做人宽厚，就会得到众人的拥护；诚实守信用，就会得到别人的任用；做事勤敏，就会取得成功，处事公平，就会使大家高兴。而子产就是这样以宽服民的人啊！”

赏析

“宽则得众”这个典故，强调治国安民之道，不仅要在完善的典章制度下有序地推行政事，发展经济、强国富民，而且要为政以德、以礼治国。如果为政者能够令出即行，言行一致，勤敏为政，办事秉公，就会取信于民。人人服从管理，便能自觉地遵守社会道德准则，维护社会安定。

里仁为美

释义

居住在仁德之地为好。

故事

孟轲是孔子之后儒家学说的继承人，与孔子一起被合称为“孔孟”。

孟轲小时候，家住在墓地附近。年少的孟轲经常看到墓地有人抬死人，他就做模仿埋葬死人的游戏。孟轲的母亲看到这种情况后说：“这里不是你住的地方。”

于是，孟母把家搬到一个集市附近。在这种环境里，孟轲所看到的都是商人在集市上的叫卖行为，于是做游戏也学着商人做买卖。这时候，孟母又说：“这里也不是你居住的地方。”

于是，孟母又把家搬到一个学宫附近。在这里孟轲所接触的和见到的都是祭祀活动，孟轲所做的游戏也就是学祭祀、礼仪等。孟母见了非常高兴，说：“这个地方你可以住下去了。”于是，孟轲就在那里长期居住下来。在这种环境的熏陶下，孟轲从小就学习礼仪，健康成长。人们都说孟母善于利用环境潜移默化地教育孩子。

有一次孟轲放学回家，他的母亲正在纺织，见他回来，就问道：“学习怎么样了？”孟轲漫不经心地回答：“还不是和过去一样。”孟母见他无所谓的样子，十分生气，就用剪刀把已经织好的布剪断了。孟轲不知道母亲为何发这么大的火气，十分害怕，就问母亲，孟母说：“你荒废学业，就像我剪断这布一样。有德行的人学习是为了树立名声，增长知识，所以平时

能够平安无事，做起事情来就可以避免祸害。”孟轲听了感到十分震惊，从此勤学不止，后来拜孔子的孙子子思的学生为老师，学习礼、乐、射、御、书、数等技艺，终于成为一名著名的学者、天下有名的大儒。

赏析

在孔子的教育思想中，非常重视后天的环境对人行为的影响。他认为相近的习性在不同的环境和教育影响下，往往会导致不同的发展趋势。所以孔子强调有仁德之地，才是理想的居住场所。进一步引申孔子的思想，可以看出孔子也强调“仁”是人的安身立命的场所。“里仁为美”强调学问的安顿处所，要以仁为标准，达到仁的境界。

每事问

释义

指凡遇到不懂的事，都问别人，向别人请教。后指遇事多做调查研究。

故事

春秋时期的孔子，被历来的封建统治者说成为天生的有学问的圣人。但实际上，他的知识并不是与生俱来的，而是勤奋学习，不断积累的结果。

有一次，孔子来到鲁国太庙（周公旦的庙）参加鲁国国君祭祀祖宗的典礼。本来，孔子年轻时曾为别人家操办过丧事，传授礼乐又是他办教育的重要内容。因此，他对那套礼乐仪式是比较熟悉的。可是，他进入太庙祭祀时，还虚心地向别人问这问那，有关祭祀的每个礼节的事都问到了。当时有人说："谁说叔梁纥（孔子的父亲）的儿子懂得礼呢？他到了太庙，每件事都要询问别人。"

孔子听到这句话后，对别人说："我对不明白的事，每事必问，这恰恰是我要求知礼的表现！"

赏析

孔子是中国古代伟大的教育家，是一个圣人，但他并非生而知之，而是通过后天刻苦学习，勤奋追求学问才有丰富的知识，懂得人世间的一切道理。"每事问"便是孔子虚心求学的一个事例。只有努力学习，获得

至深的立身处世之道，达到崇高的品德修养境界，行为才不会逾越道德规范，才能在事业中取得成就，做一个对社会有用的人。

梦见周公

释义

做梦见到了周公。原为孔子哀叹自己体衰年老的词句。后多作为“瞌睡”的代称。

故事

春秋时期，年岁已高的孔子回到了他的祖国——鲁国。

这时候的孔子，已经对借助诸侯国君来实现自己的政治理想失去了信心，在他的心目中，那神圣而黄金般的尧舜时代，君明臣贤，人民安乐的两周礼乐文明，已经变得越来越遥远，越来越渺茫了。

他大半生风尘仆仆地奔忙于别国之际，就是希望能像西周时代的大政治家周公一样，恢复周代的礼乐文明制度，开创他神慕已久的“大同社会”。

孔子这个为伟大理想所支配的老人，虽然连做梦都在同周公神交，但是，现实总是残酷的，他所处的时代使他无法成为像周公一样的人物。

所以，回到鲁国的孔子，只好以整理古代文献、教导弟子为业。

有一次,他对自己的学生说:“现在我的身体状况太差了,以至于很久都没有梦见周公了。”

据说,孔子在此之前,经常梦见周公。孔子说好久没有梦见周公,也许是在向他的弟子们表示,他已经对实现自己的政治主张不抱什么大的希望了。

那么,孔子梦见的周公到底是什么样的人呢?

周公,姓姬名旦,是西周初年的政治家。

姬旦是西周的开创者周文王姬昌的儿子,周武王的弟弟。因为他的封地在今天陕西岐山以北,这块地当时叫做“周”,所以也就把姬旦称为周公。

周公在世时制订了一系列的典章制度,正式建立了西周礼乐文明的大厦。

周公的制礼作乐,对此后两千多年的中国社会产生了深远的影响。

周公执政不仅在制度上为此后的中国社会提供了一个范本,而且他执掌政权时的高尚政治人格,还为后人所仰慕。他所做的一切,正是孔子希望自己能从事的。所以,孔子是以做春秋时代的周公为他的追求。

当然,年老的孔子很难再梦见周公,但是,他对周公事业的理想主义追求精神却在以后的岁月中,深入儒家的文明之中,泽及后人。

赏析

孔子年轻时周游列国,承袭了尧、舜、禹、汤、文、武、周公的道德流传,希望让周公制礼作乐的盛世重现于当时,因此日有所思,夜有所梦,周公便常常来到孔子梦中。然而,到了孔子晚年,这个理想已经离他越来越远,他专心教书、编书,生活悠然自得,偶然发现自己很少再梦见周公了。因此孔子感慨道:“甚矣,吾衰也!久矣,吾不复梦见周公。”话中似乎透露

着，孔子已经无法盼到周朝盛世再次来临了。今天，我们常常戏称的“梦见周公”，原本是指怀有高人一等的胸襟，但后来已经成为睡觉、做梦的意思，也被人们用来表示缅怀先贤。

民富国强

释义

人民富裕，国家才会富强。

故事

鲁哀公执政时期，有一段时间由于王室发生内乱，加上连年天旱，收成不好，国内经济长期不振。为了渡过危机，鲁哀公派人去请孔子弟子中据说最有理财能力的有若来做顾问，看他有什么好的办法。

有若来到后，鲁哀公等不及寒暄便直截了当地问道：“今年农业收成不好，本来就不富裕的国家经济更显得困窘，我请你来是想请教一种帮助解决困境的好办法啊！”

有若也不客气，略加思考后便回答：“既然全国歉收，为什么不实行十分抽一的税制呢？”

鲁哀公叹道：“先生，别说十分抽一，我已经采用十分抽二的税制还感到入不敷出呢，十分抽一这个法子还用请你有若先生吗？”

有若并不因鲁哀公的不理解而退缩，而是耐心劝道："君侯既然请我来，我就要想尽一切办法帮您的。现在我们首先应该考虑的是，任何经济政策的制定，都是为着国家的长治久安。作为君主，决不能只顾眼前，不管长远，决不能像小人一样鼠目寸光。"

鲁哀公点头称是，有若便接着说道："既然今年普遍歉收，民间生活之苦是可想而知的了。在这样的情况下，决不能增加人民的负担；而只应减少他们的负担，这样就可以在一定程度上保存和增加民间财力，人民便会安居乐业。如果课以重税，则民不聊生，很容易激成民变，那样就会适得其反了。要知道，只有人民富足，国家才能富足啊。"

鲁哀公照着有若说的去做，果然一年以后国家就政通人和，鲁国的形势逐渐好转了。

赏析

"民富国强"这个典故，讲的是人民与国家的关系。国君理财，取之于民，用之于民，就会得民心，得到人民的拥护，百姓富足，那么国家自然也富足，这就是"河水宽，井水宽"的道理。如果国君利用手中的权力，只知聚敛，专门搜刮，那样国家虽然富足了，但必将遭到人民的不满和反对，最终也只会丧国亡身。

名正言顺

释义

形容说话做事理由充分、正当。

故事

孔子师徒停留在卫国期间，卫灵公死了，他的儿子避难在外，于是孙子即位，这便是卫出公。卫出公受卫灵公的影响，平日便仰慕孔子。于是他一即位，许多人都预测孔子将受到重用，就连子路也迫不及待地问老师："看来卫国君主肯定要请您帮他理政了。如果您真的上任，那么您首先要做的是什么呢？"

孔子说："如果真要我干的话，那首先要正名分呀。我们知道，卫出公的父亲还在，做儿子的就先继了位，这是与周礼不合的呀！"

子路连连摇头，他对先生直言不讳："老师呀，这您就太迂腐了。有什么正名分的必要呢？卫出公已经继位，这便是铁的事实，莫非您能让他退位不成？"

孔子对子路这番话极为反感，拉长了脸训斥道："仲由，你也太粗鲁了吧。对于你所不理解的道理，应当保留在心中，不要胡乱发表意见好不好？现在的问题是，一个人名分不正，他说话就没有权威性；没有权威的人，就没有人顺从他；没有人顺从他，那就什么事情也办不成，又何谈他们的志向——复兴礼乐制度呢？而接下来的问题就是，礼乐制度不能复兴，典章刑罚就不会得当；而典章刑罚不得当，老百姓就无所适从。"

孔子的一番宏论，环环相扣，推理严密，子路听得心服口服，不断点头。最后，孔子又说："子路，君子的名分一定要有道理呀，这样说话才有权威。当然，君子是不能随便讲话的。"

孔子的话，使子路更进一步了解了老师，也使他彻底意识到，孔子师徒在卫国是不会受到重用的。

赏析

"名正言顺"这个典故，是指做事理由要正当而充分，才能理直气壮。如果不名正言顺，事情就办不好，国家的法律制度就不能兴建起来；国家的法律制度兴建不起来，刑罚的执行就不会恰当；刑罚的执行不恰当，人民就手足无措，天下就要大乱，社会就不稳定。所以，一定要名正言顺，确定名分，必须说得清楚有理，才能把事情做好。

祁奚荐贤

释义

祁奚推荐贤能的人。指推荐人才，要做到公正无私。

故事

春秋时期，晋国大将祁奚久经沙场，身经百战，立下了赫赫战功。由于岁月不饶人，已步入晚年的祁奚就主动向国君提出退休，请求安度余生。

晋悼公为祁奚的辞职退休感到惋惜，但又无可奈何，就只好同意了。为了再选用像祁奚这样能征善战的人才，晋悼公就向祁奚征求意见："依你看，谁可以接替你的职位？"

祁奚毫不犹豫地回答说："解狐是一位出类拔萃的人才，请国君选用他。"

晋悼公听了，惊异地说："据我了解，解狐不是你的仇人吗？你怎么还推荐他呢？"

祁奚平静地回答说："国君您只是问谁可以继承我的职位，而不是问我的仇人。"

晋悼公听了很高兴，认为祁奚很有贤德，真有大将风度！于是就准备依照他的建议，提拔解狐。不料，天有不测风云，人有旦夕祸福。解狐突然患病去世了。于是，晋悼公又来征询祁奚的意见。

祁奚回答说："可以让祁午来接替我的职位。"

晋悼公又惊奇地说："咦！祁午不就是你的儿子吗？"

祁奚依然平静地回答说:“国君您只问谁可以接替,而不是问我的儿子。”

晋悼公考虑后,认为祁奚是不存偏私的,于是就举用他的儿子祁午做了大将。结果,祁午把晋军治理得非常出色。于是,晋国人都赞叹说:“祁奚真可谓赤胆忠诚而不营私结党呀！他推举别人时,并不忌避自己的仇人,也不讳避自己的亲人。”

对于祁奚荐贤的这种精神和做法,孔子非常赞许！因为孔子深深知道,当年周公就曾这样嘱咐他的儿子伯禽:“今后你考虑用人时,要掌握好一条原则:不能偏爱自己的亲族,但若亲族中确实有能人,也不必讳避;同时,也决不能冷落、疏远其他富有德才的官员。”

赏析

推荐人才,要真正做到公正无私,就不能以个人的好恶和与自己关系的亲疏远近来判定或选用。很多人会因为一些私人的感情因素,影响到自己的判断,任人唯亲。他们不管自己的“亲”是否能够胜任,只管亲疏关系的远近。如果到了团队协作,可能就会因为自己的感情因素导致到了关键的时候掉链子。我们应该学会客观去看待他人,而非感情用事。

巧言乱德

花言巧语会败坏道德。

有一次，子张就怎样才能提高道德修养、分辨是非向孔子请教，孔子回答他说："以忠信作为行动宗旨，追求和服从'义'，这样就可以提高道德品质了。如果一个人喜欢某人，就希望他长寿不死；对他厌恶起来，又恨不得让他立即短命死掉，这就是不辨是非了。"

就是这同一个问题，孔子在针对不同的学生时，回答也不一样。

有一次，孔子的另一个学生樊迟跟随他游历，来到鲁国祭天求雨的祭坛前，樊迟问道："老师啊，怎样才能提高自己的道德修养，改正错误，辨别是非呢？"

孔子带着赞叹的口吻回答说："这个问题问得太好了。做事在先而享受在后，就可以提高自己的品德了。经常检查自己的过错，不要老是指责别人的过错，不就是改正过错了吗？如果花言巧语就会败坏自己的道德品质。在小事情上不能忍耐，冲动行事，不仅危害自己，就连他人也受到牵连。哪里谈得上辨别是非呢？""巧言乱德"便是这个故事中的典故。

孔子认为花言巧语能迷惑人乱德，所以深恶痛绝，主张坚持仁德，慎

言多做，说话以诚信为主，为了大目标，遇事要忍让，不要因为小事影响大计的实现。实事求是，有一说一，不夸大也不缩小，只要心胸广阔，乐观向上，沉着冷静，深谋远虑，定会成就大业。

取信于民

释义

从民众那里取得信任。

故事

子贡就治国方略大政求教于孔子。

子贡说："老师，军国政事，日理万机，在诸多事务中有没有最重要的呢？"

孔子听后极其认真地回答："有啊，当然有啊，首先要注意三件大事。第一件，一定要储备充足的粮食；第二件，一定要拥有强大而精良的军队；第三件，从政者一定要讲究信誉，取得老百姓的信任。"

子贡赶忙记下这三点，接着他又问："如果这三点中迫不得已必须舍弃一项的话，应该舍弃掉哪一项呢？"

孔子果断地说："减少军队啊！"

子贡又问："那么假如在粮食储备和取信于民二者之间又只能保留一

项的话，该做何种抉择呢？”

孔子想了一想，马上回答说：“如果真是这样，宁可不要粮食也不能失信于民啊。当然，没有粮食储备，一遇饥荒会饿死人的，但自古以来人总是免不了一死，而国家要存在，就不能失去老百姓的信任。”

子贡认真地领会了老师的教诲，高兴地离开了。

赏析

总有人在寻找，人与人之间什么最重要。这个命题的答案其实很简单：信任。信任是一件很重要的事情，甚至可以比肩生命。商家有了信誉才能财源广进，社会多了诚信才会温暖人心，朋友之间多了信任，才会肝胆相照。我们需要信任他人，就像需要被信任一样。

冉有济私

释义

冉有徇私情。

故事

公西赤奉孔子之命到齐国去办事，临走时托好友冉有代他照管家中老母，冉有满口应承。一天，冉有看见公西赤家中小米不多了，就请示孔子："老师，咱们用仓米给公西赤家一点儿补助吧。"

孔子说："补助一点是可以的，你就给他六斗四升吧，够吃一阵子了。"

冉有觉得受人之托代为管家，小米送少了不好意思，就请求孔子是否再增加一点，孔子又说："那就给他十六斗吧！"

十六斗在孔子看来似乎已经是不小的数目了，但冉有仍然觉得不够，只是不好意思向老师再次开口，就自作主张从仓库里运出八百斗小米送到公西赤家。

这事不过两天就被孔子知道了。孔子很是生气，派人把冉有叫来，对他说："你应该知道，公西赤此次出差并非什么苦差使，骑着高头大马，穿着华丽的朝服，享受着高级待遇。不用说没有生命危险，连吃苦也谈不上，这样的差使，别人抢都抢不上呢。你可以告诉他的母亲，尽管放心好了。又何必拿那么多粮食赠私呢？"

冉有明白老师批评他徇了私情，而实际上公西赤家里也不需要那么多小米，连忙认错："老师，这件事完全是我自作主张的，与公西赤母子是

没有任何关系的，要处分您就处分我吧！”

孔子见冉有认错态度诚恳，便叫他站起来，耐心劝导说：“冉有啊，君子应该想办法接济有困难的人，而不应当为富人赠送财富。为人慷慨是好的，但也要有个道义界限，这就叫宁可雪里送炭，决不锦上添花。”

赏析

“冉有济私”这个典故告诉我们，君子要救济穷人的急难，而不应为富人增富，这体现了孔子“周急不继富”的思想主张，为人们怎样做人提供了一盏明亮的警示灯。同时也告诫人们，锦上添花是小人，雪中送炭才是真君子。在当今社会，这个典故也有着深刻的现实教育意义。

人各有志

释义

每个人都有自己的志向、愿望。强调应该尊重别人的志向和愿望，不能勉强。

故事

孔子晚年，很喜欢有人在身边陪伴。弟子们也就投其所好，时常结伴而来，陪着老师谈天说地。

有一天，子路、曾皙、冉求、公西华四人来到孔子身边。孔子看着这些年轻活泼、才华出众的弟子很是高兴，一阵寒暄之后，孔子首先说道："我的岁数已经不小了，现在看来，大概不会有人重用我了，而你们几个正年富力强之时，个个又是满腹经纶，应该说是前途远大。过去，你们总是感到没人了解你们。现在，我要问你们，如果有人理解了你们的心情和志向，那你们准备如何施展一番呢？"

子路总是喜欢抢先说话，这一次又不肯落后！孔子话音刚落，就急匆匆轻率地站起来说："假如有一千辆兵车的国家，又夹在大国之间受气，国内又闹饥荒。在这种情况下，如果要我去治理，只需3年时间，我就可以把老百姓训练得人人骁勇善战，而且懂得道义，这个国家也就外不惧强，内不惧乱了。"

孔子看看颇为得意的子路，摇了摇头，又把目光转向冉求："现在，你说一下吧！"

冉求沉思半晌，方才轻轻说道："我只希望能让我去治理一个方圆六七十里或五六十里的小国，我想有3年时间，我可以把它治理得丰衣足食、国泰民安，但礼乐教仪却需有德行的君子来完成，我是难以胜任的。"说完，朝同学们欠欠身子，这才复又坐下。

孔子对冉求较为满意地点点头，又对公西华说："你呢，你有什么志向？"

公西华站起来，向大家恭谦地点点头，这才说："我觉得我自己并没有什么本领，但我愿意学习，我想我更适合于从事宗庙的工作，比如说诸侯盟会，我戴上礼帽、穿上礼服，作为国君的助手从事外交工作，这是很不错的。"

孔子对公西华的回答也表示赞同，最后对曾皙说："曾皙，你也谈谈吧，你又有什么想法？"

曾皙本是一边听大家议论，一边鼓瑟，听先生点名到自己，这才放下瑟，站起来回答："我的志向和3位师兄不同，不知该说不该说。"

孔子道："畅所欲言，尽管说嘛。"

曾皙以诗般的语言说道："我想，暮春时节，穿上刚制好的新衣，邀请几个要好的朋友，到沂水河游泳、洗澡，然后再到林间沐浴春风，唱着歌儿一路回家，这是多么令人神往的日子啊！"

这充满诗情画意的意境，令孔子也陶醉了，他止不住长叹一声："好啊，曾皙的想法多么好啊！"

谈论完毕，其他三个人先后离去。屋里只有孔子和曾皙，曾皙又问孔子："老师，您觉得方才3位师兄讲得怎样？"

孔子说："不过各人随意说说志向罢了。"

曾皙又问："那您为何要笑子路呢？"

孔子回答："子路一心理政，但从政首先应有谦让态度，他率先出言，语句中又毫无谦逊之意，所以我笑他，是让他反省。"

曾皙再问："冉求兄说的地方那么小，算得上国家吗？"

孔子回答："小是小的，麻雀虽小，五脏俱全，五六十里也是国家啊！"

曾皙又道："那么公西华谈的是否也是治理国家呢？"

孔了耐心解释道："宗庙之事、诸侯盟会都是国家大事，如果以为外交公务也是小事，那还有什么大事呢？"

这时候，曾皙疑虑顿消，唱着歌儿离开了。

赏析

每个人都有自己的志向，都有自己的想法，我们不必去干预他人的想法。世间有千千万万的路可以走向成功，我们不要以自己的标准去衡量别人。如果众人都是一种思维的话，每个人都去挤一个独木桥，结果大家都会掉落到水里。我们不要去质疑，而应尽量去鼓励他人的梦想，这样才能够使得百花齐放，使世界也变得纷繁多彩。

任重道远

释义

担子沉重，路途遥远。比喻责任重大，需要长期的艰苦奋斗。

故事

曾子教学，在主体和绝大多数方面确实是师承孔子，但在弘扬孔学的同时，他自己也有许多独到的见解，这大约是曾子之所以能够成为孔子传人，而非他人的原因。

我们知道，仁者爱人，有教无类，达则兼济天下，穷则独善其身，这些都是孔子的思想。而曾子却在进行仁德教育的同时特别强调个人的人生理想和坚定意志，以致有一次，一个弟子竟然问曾子："您为什么强调我们要有坚定的意志呢？听说祖师孔子并没有这样强调呀？"

曾子对这个问题是这样回答的："读书人当然不能没有坚强的意志，恢弘的心胸啊！试想一下，一个懦弱的人，一个遇到困难就中途退缩的人，一个鸡肠小肚、与人不可共事的人，他又怎么能完成仁者普济天下的重任呢？"

弟子似乎明白了老师的意思，说道："我明白了。老师之所以要我们

刚强而有毅力，原来和祖师的倡导是密不可分的。”

曾子看到弟子已经领悟了精神实质，高兴地笑了。

赏析

“任重道远”这个铿锵有力的典故，成为千百年来广为传颂的佳句，更成为许多有志之士终生奋斗、矢志不渝的人生追求。曾子认为，读书人明白做人的道理，就是明白了仁，所以肩负着实践仁德的任务，故而必须具有远大的抱负、宽广的胸怀和坚韧不拔的意志，刚健进取，坚忍图成。

如临深渊

释义

形容小心谨慎得好像面临深渊。比喻提心吊胆，小心翼翼。

故事

在周天子的太庙前面靠右首的台阶下，立着一个铜铸的人像，叫“三缄口金人”，在他的嘴上封上了3道象征性的封条之类的东西，意思是警诫人们说话的时候要小心慎重，不要随便信口开河。

孔子到周王朝的京城洛邑的时候，曾看到这个铜人像，他仔细地拜读了“三缄口金人”背部的铭文，那些铭文的意思是说：铜像铸的这个人，是古代的一个言语谨慎的贤人，切切要记住，说话的时候要谨慎啊，人的口往往是祸害的大门。

孔子看完后，就回头对跟随的学生说：“记住了，这金人背上的铭文虽然浅显易懂，但却说出了为人说话的要害之处。《诗》曰：‘战战兢兢，如临深渊，如履薄冰。’只要像诗中说的这样行事，我想就不会因为说话而招来祸患了。”

孔子就是一个谨慎的人，所以他也提倡谨慎。根据他的弟子们记载，孔子走进朝廷门的时候，恭敬谨慎，谦卑得好像没有容身的地方。站立的时候，不站在门的中间；步行的时候，不踩门槛。当他走过君主的座位时，神情立即就变得恭敬庄重，脚步加快，说话也好像气不够用似的。他提着衣服下摆向堂上走，显得小心谨慎，收敛着身子，憋住了气儿，就像没有呼吸一样。当他出来的时候，可就不一样啦，每下一级台阶，神态便舒展许多，显得心情愉快。一旦下完台阶，就快步向前走，就像鸟儿展开了翅膀一样。

孔子弟子对孔子的这一番描写，可真是活灵活现。

赏析

我们要走的人生路，不可能总是一帆风顺的。很多时候，如果我们总是昂头向前，不去看脚下，可能就会跌入万劫不复的深渊；但如果我们能谦虚谨慎地做人，小心翼翼地行走，或许就能最大可能地躲过暗礁。我们不能规避人生之中的所有危险，但是只要学会适时低头，时刻居安思危，就会减少许多凶险。

三人之行

释义

三个人一起走路，必有可以做我老师的人。指应该不耻下问，虚心向别人学习。

故事

孔子治学严谨，道德文章皆出天下人一头，这使得他的弟子们既敬佩又自豪，庆幸有这么一位好老师。可是，老师的学问又是从哪里来的呢？老师一定也有老师，而且肯定是一位德高望重的名家祖师。

几个人讨论一番，实在找不出头绪，于是只好向孔子请教。而孔子问明来意之后，只是不在意地说："我的老师呀，那可就多了，怕是连我自己也数不清呢。"

弟子们你看看我，我看看你，忙问孔子："老师既然很多，何不为我们指出几个呢？"

孔子说："比如说吧，只要 3 个人在一起走路，其中就一定有人可以做我的老师。人啊，不一定十全十美，但他总有其中某一方面是突出的，只要人家某一点比我强，我就甘愿向人家学习。"

弟子们这才明白了老师所指的老师是谁，而且更重要的是学到了一种最可靠的求知方法。

赏析

罗丹说:“生活中不是缺少美而是缺少发现。”同样我们也可以说:“生活中不是缺乏好老师,而是缺少发现好老师的能力。”古往今来,许多真正有成就的人都是学无定师,他们师法自然,以别人为师,以书本为师,以实践为师,以一切可学之人之事为师。

三十而立

释义

三十岁时能自立于世,说话做事合乎礼仪。

故事

孔子的父亲叔梁纥是鲁国著名的勇士。孔子3岁,叔梁纥就死了。母亲带着他住在曲阜附近的阙里。

孔母十分重视对儿子的教育。孔子也自小勤奋好学,到17岁时已经博学多识闻名乡里了。后来孔子自述说:“吾十又五而志于学。”意思就是说,到15岁时,他已自觉地、有目的地专志于学习了。

那时,母亲去世了,为了维持生计,孔子两次做过鲁国执政者季氏的家臣。一次是任“委吏”,负责管理仓库。另一次是做“乘田”,管牛羊畜牧。

孔子在担任职务的空隙时间，依然抓紧学习，这一阶段，他经过苦心钻研，精通“六艺”，开始形成了自己的学习主张。他后来说“三十而立”，就是讲那时他已经确立了他的政治思想和道德观念。

30岁以后，孔子设帐授徒。直到51岁时才正式担任公职，先做中都宰（相当于县长），一年以后改任管理国家工程建筑的司空，不久又升任负责全国治安的大司寇，前后一共四年多。在这段时间里，用孔子的话来说是“四十而不惑，五十而知天命”。意思是讲，到四十岁左右，他对自己所学所行，已经不再有什么犹豫怀疑了；到五十岁前后，更进一步掌握了世上万物发生发展的必然之理。

在任大司寇期间，孔子辅佐国君鲁定公，与强大的邻国齐国国君在夹谷相会。凭着自己的勇敢、机智和博学，孔子挫败了骄傲的齐君。

到55岁，孔子因鲁国执政者不能接受他以“仁”为核心的政治主张，弃官出国游学。14年来，他历访卫、陈、曹、宋、郑、蔡各国，那些贪利好战的国君，都不接受他的主张。“六十而耳顺，七十而从心所欲，不逾矩”，是他对自己晚年的议评。

“吾十又五而志于学，三十而立，四十而不惑，五十而知天命，六十而耳顺，七十而从心所欲，不逾矩。”正是孔子这位大学问家对他一生进步历程的确切叙述。

赏析

孔子用简单的几句话勾勒了自己的一生，从中大体显示了一个成功者在人生的各个阶段所达到的目标。这几句话对后世影响很大，常有人把这整段话引来作为勉励或检查自己的标尺。其中有些词语，已经成为代表某一年龄阶段的专用词，如“而立”，代表30岁。

三思后行

指经过反复考虑，然后再去做。三：再三，表示多次。

魏文侯在进行改革的同时加强边防，遂派西门豹去做邺地的县令。临赴任时，魏文侯告诉西门豹说："到了邺地之后，一定要留下美名广布恩义。每个地方都有君子小人，千万不能凭道听途说贸然去做，每做一件事情要三思而后行。"西门豹听了魏文侯的一番指点，频频点头，深受启发。

邺县的漳河由于年久失修，每年雨季，泛滥成灾。该地人烟稀少，田园荒芜。当地的三老、廷椽与巫婆狼狈为奸，谎称漳河泛滥是"河伯显圣"，只要每年挑选美女送给"河伯"为妻，就可以免除水灾。他们趁为河伯娶妻之机，横征暴敛。

每到河伯娶妇之时，巫婆到处巡行，见有漂亮的贫家女，强行聘娶。到为河伯娶妇之日，便将贫家女放在新床上，然后将新床沉入河底，而巫婆声称新娘已被河伯接去。老百姓害怕自己的女儿被选中，纷纷背井离乡，当地人口迅速减少，田地荒芜，人民生活艰苦。西门豹到任后决心为民除害。

一年，又到为河伯娶妇之日，西门豹便来到现场。三老、廷椽以为是新任县令也为河伯送妇，早早到齐恭迎。远近百姓亦扶老携幼前来观看。西门豹对三老说，要看看新娘子相貌如何。巫婆将她领来后，西门豹随便看了一眼，便说新娘相貌平平，不能中河伯之意，命令巫婆去报告河伯，改

日选到美貌之妇后再送。巫婆一听，脸色倏变，西门豹让随从将其扔入漳河。西门豹又凝视河水，扶手肃立，然后对随从说："老巫婆久去不归，定是年老力衰之故，再派其徒弟去催促。"随从又将3个小巫婆投入河中。过了很久，西门豹转向乡官们说："巫婆皆是女流之辈，不会办事，劳驾三老亲自去通报河伯！"三老随后被投入河中，又等了好长时间，西门豹对身旁的县吏豪绅们说："巫婆、三老办事不力，请在你们之中再派一人去催问。"官绅万分害怕，纷纷跪倒，磕头求饶。两岸百姓们为西门豹的举动拍手称快。

西门豹说："河伯留客太久，我们回去吧！"官绅们个个抱头鼠窜，仓皇逃命。从此，邺县再也没有人敢为河伯娶妇。

西门豹作为邺地的县令，每遇一事，仔细分析，详尽了解当地实情，除弊兴利，惩治奸邪，对邺地的政治和经济进行改革，使当地的生产得到了很大发展。

赏析

"三思后行"，决不是一句空话，而有着实实在在的内容。这句话虽简单，但真正做起来，尤其是做好还是比较困难的。但正因为难，古人才告诫我们做任何事情之前，一定要谨慎，要"三思后行"。这是古训，也是真理。

三省吾身

原指每日做多次的自我反省。

孔子去世后，曾子就开始做老师来教学生了。有一次，一个学生向曾子请教："老师！一个人如何做到善于反省、总结自己的经验教训，以便不断完善自己的人格？"

曾子回答说："你问得好啊！我每天都从如下3个方面来反省，总结自己的经验教训——

"一是为别人办事是不是不忠诚呢？我们必须讲究奉献精神，一个人只有无私奉献，心灵才会充实，品德才会高尚。这一点实际上就是我们的先师孔子所教导的'忠'的精神。

"二是跟朋友交往是不是不讲诚信呢？先师孔子曾经讲过'人而无信，不知其可'，所以与朋友交往一定要讲究诚实与信誉，这样才能获得更多的知己。

"三是对于老师所传授的知识，自己反复地复习了吗？先师孔子曾经对我们讲'学而时习之'、'温故而知新'。的确是如此。对于老师所传授的知识，或者从书本上学到的知识，我们只有经过反复的复习和实践，才能真正吸收，并最终融化为自己的知识，这种知识就不再是教条而束缚自己了。"

那位学生听了，对曾子说："我一定铭记您的教导！按照您讲的方法

来每天反省、检查自己。”

赏析

曾子是儒家学派中强调内省、修养的有力倡导者，他自己也以此严格要求自己。他告诫人们：做人不要自欺，要天天反省自己，做事要谨慎。从这里，我们可以清楚地看到，曾子对自己的要求严格而有恒心，而“三省吾身”也就成了千百年来人们严于律己、勇于省察者的座右铭了。

杀身成仁

释义

为了成全仁义，可以牺牲生命。后泛指为了维护正义事业而舍弃自己的生命。

故事

春秋时期，儒家学派的代表者、大思想家孔子创立“仁爱”学说。这一学说主张全社会人人相亲相爱，以仁义待人。“仁爱”学说也是儒家的核心思想。

有一次，孔子在家中给弟子们讲授“仁爱”学说，一名弟子恭敬地请

教道："先生，您讲的仁德忠义当然都是极好的，谁都想成为一位有仁德的人。但是，人活在世上，会产生无休无尽的私欲，假如仁德和私欲两者发生了冲突，该舍弃哪方，选择哪方呢？"

孔子严肃地回答道："这有什么可犹豫的呢？志士仁人，无求生以害仁，有杀身以成仁。"这就是说，凡是真正的志士仁人，都不会因为贪生怕死而损害仁德，当仁德和私欲发生冲突时，他们会毫不犹豫地牺牲自己的生命来成全仁义的。

子贡听了孔子这番话，十分激动，躬身请教孔子道："先生，仁德一定是很难获得的吧？弟子们该如何去培养自己的仁德呢？"

孔子耐心地开导他说："培养仁德的过程是极其漫长而艰难的。比方说，一名工匠要干好他的活计，就必须先拥有得心应手的工具；一个国君要想施行仁义之法，就应该选用贤能有德的人去侍奉他；对于一个人来说，就应该挑选志士仁人交朋友。只有这样，仁德才有可能慢慢地培养起来啊！"

弟子们听完孔子的高论，纷纷站起来，毕恭毕敬地向孔子施礼，表示敬佩叹服。

赏析

"杀身成仁"这个典故，表现了儒家为了"仁"的理想的实现，所抱定的坚决、执著的精神。要求志士仁人不要为了苟活求生而损害"仁"的精神，必要时，要不惜牺牲生命来捍卫、成全"仁"的形象。"杀身成仁"从此就成为一切志士仁人为捍卫理想而献身的最高原则。

上行下效

释义

上级或长辈怎么做，下级或晚辈就跟着学。多指不好的事。

故事

在春秋时代，兴办私学是件前所未有的事情，而孔子本着“有教无类”的原则招收学生，更是破天荒的事情。所以，他的门下弟子真是五花八门，但是孔子却能以适当的教学方式，将他们一个个引导到知识的大门口，最终使之得以登堂入室，学有所成。

樊迟就是一个很典型的例子。樊迟是齐国人，来自下层老百姓，不知道孔子都教些什么知识，所以就跑来向孔子学习种植五谷的本事。孔子答道：“要说种植五谷，我不如老农，所以不必向我学。”

樊迟想了想，又要求学习种植蔬菜的本领。孔子回答：“要说种植蔬菜，我不如菜农，所以也不必向我学。”

当樊迟出去后，孔子就感叹说樊迟是个胸无大志的人。因为他认为，上面重视礼，百姓就不敢不尊敬；上面重视义，百姓就不敢不服从；上面重视信，百姓就不敢不说真实情况。假如做到这样，四方的百姓就会背着小孩前来投奔，从政者哪里用得上自己去种植五谷、蔬菜呢？

孔子当时以《诗》、《书》、《礼》、《乐》、《春秋》等典籍为教材，教他的学生们掌握礼乐制度、从政的原则以及修身的方法，希望他的学生们以后能辅佐贤明的君主，成就一番事业。所以，他对樊迟学种植五谷、蔬菜就很是不满。

不过，樊迟最终在孔子的教导下学有所成，身列七十二贤人之中。

赏析

孔子主张为政以德，以礼治国的仁政思想，特别强调居上位者要好礼、好义、好信，那么人民自然地恭敬、服从和以真情相待。由此可见，孔子很重视居上位的模范作用，自己正身修德，人民会自觉遵守，决不会违背社会道德准则。

少者怀之

释义

年少的都能得到关怀爱护和良好的教养。

故事

有一次，颜回约子路一起到先生孔子家中，三人同席而坐，广谈博论，气氛十分融洽。言谈之间，孔子突然兴致所至，对两位得意门生说：“今天你们二位在座，咱们何不谈谈各自的志向呢？来，谁先谈？”

子路率直，自然当仁不让，他就像在课堂上回答问题一样，举起右臂，侃侃而谈道：“我先说吧。我这个人，也不图别的，只希望在富国强兵之余，

能把我的车马、皮衣与朋友共享,即使别人用坏了,穿破了,我也决不抱怨。做朋友嘛,就是要有福同享。"

孔子点头,不置可否,然后把目光转向颜回。颜回略一思考,慢条斯理地说:"我决不希望别人夸奖我的好处,我也决不会向别人表白我的功德。但是,只要是对他人有利的事我都愿意做,决不计较自己的得失。我觉得,这是我应该做的,不要加以宣扬。"

孔子和子路都点头称是,子路对孔子说:"老师,现在该您谈谈了,我们可都想知道您的志向啊!"

这时候,孔子站了起来,很郑重地说:"我只愿普天下的老人都能得到奉养,安度晚年;只愿普天下的人们互相信任,互相尊重,互不猜忌;只愿普天下的孩子们都能受到关怀,茁壮成长。这就是我的志向啊!"

孔子的话,使颜回和子路感慨不已,看来,先生确实是远远高出他人一筹啊!

赏析

孔子的这番话是在和他的学生颜回、子路各言其志时所说的,表达了他致力于天下大事的宏伟抱负。孔子的志向之一是要少年们得到关怀爱护和良好的教养。这种志向非一般人所能想到的,也说明了孔子的仁德修养已达到了最崇高、最完美的境界。他这种以天下事为己任的精神,很值得我们学习。

升堂入室

比喻学识和技能逐步提高，达到很高的境界。也说登堂入室。

春秋时期，孔子门下有72个高徒，子路便是其中一个。他性格刚毅，胸怀大志，一心想做个治国安邦的政治家。平时他喜欢弹奏乐器，常用乐声来表达他的好战情绪。

有一天，子路在孔子家鼓瑟，一下子激动起来。他上下左右急促地拨动琴弦，弹出的乐声铿锵有力，充满着战斗的激情，使人联想到边境沙场上敌对双方拼死厮杀的场面。

这时，孔子正在家中给门徒们讲授“仁爱”学说，他听到厅堂里传来了杀气腾腾的乐声，有点不高兴了，跑过来斥责道：“你为什么要在我家弹奏呢！”说完，也不解释，扭头走开了。

原来，孔子主张“仁爱”和“中庸之道”，向来反对军事战争，因此他听到子路奏出的不平和的乐声，当然不满意了。

孔子的诸门徒听了老师对子路鼓瑟的评价后，就在背后七嘴八舌地议论开了。有的说：“子路弹奏的技巧太拙劣，老师当然不会喜欢！”有的说：“子路胆敢在老师面前班门弄斧，也太狂妄了！”以后，他们见到子路，就讥笑他，对子路很不尊敬。

子路也以为老师厌恶他的乐声，心里非常懊丧，就把心爱的琴收藏了起来。

其实，孔子很爱听音乐，有时候听到了一首美妙无比的乐曲，就不住地回味，以至于忘记肉的香味。可后来他待在家中好长时间听不到有人奏乐，心里很纳闷儿，就向弟子们打听原因。有几人争先恐后地指责起子路来，说子路水平低劣却又狂妄自大，他们以为这样能讨好孔子。

孔子听了，知道大家误解了他的意思，对弟子们说："子路在音乐方面虽已跨进厅堂，但尚未步入内室啊！"子路听了恍然大悟，笑道："原来老师是在勉励我向最高的境界迈进啊！"

赏析

我们在取得一些优秀成绩的时候，往往很容易自我满足。但是这样的骄傲不会让我们变得更加优秀，只会让我们止步不前，甚至是不进而退。我们需要的是和昨天的自己做对比，更进一步，不要轻易满足。只有这样，我们才不会仅仅是一只麻雀，而能够成为一只翱翔蓝天的雄鹰。

逝者如斯

消逝的时间，如流水一样。用以形容光阴如流水一去不返。

正是秋高气爽的季节，孔子出游来到一座山野。据说，当年周公也曾到此一游。

孔子临风默立，极目远眺，思绪翩翩，随风远飘。当孔子想到当年周公也曾伫立于此时，脑海里不禁依稀浮现出一个如梦一般的周公身影！孔子睹物思人，心中不觉油然而生一种“人去不复返，旷野空自秋”的无限惆怅！

正在此刻，孔子望见在前面不远处的那座小山冈上，有一只很漂亮的雌雉鸡正拍打着翅膀，飞动了几下，然后又悠然降落在一片野草野花中。这种稍纵即逝的动态景色真是生动迷人啊！

孔子脱口慨叹道：“山冈上那只雉鸡，真可谓自得其时，自得其乐啊！”

子路在旁边听了，向雉鸡那边拱了拱手，还发出好像恍然有所领悟的感叹声。

然后，孔子和子路又来到一条大江边。望着下面那条奔腾不息的滔滔江水，孔子触景生情，又感叹地说：“逝者如斯夫，不舍昼夜，宇宙万物又何尝不是如此呢！”

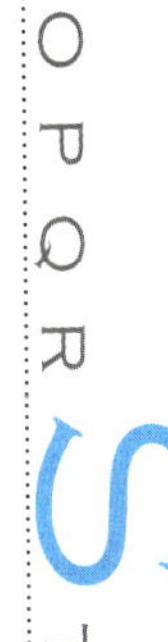

赏析

“逝者如斯”是孔子站在江边上，望着滚滚流去的江水，触景生情，有感而发。他感叹时间如流水，一去不复返；感慨人生世事变换之快，亦有惜时之意在其中。提醒人们要珍惜时间，分秒必争。因此，也就有流传千古而不衰的名言：“一寸光阴一寸金，寸金难买寸光阴。”

四海兄弟

释义

普天下的人都是亲密兄弟。

故事

春秋宋国的景公当政时，司马桓魋（tuí）专权。这个人骄横无礼，不可一世。孔子游学经过宋国，每天带着学生在一棵树叶茂盛的大树下学习礼乐。桓魋怕宋景公会请孔子来参与国政，竟然亲自率领家将要来杀孔子。幸亏那时孔子不在大树下，桓魋就下令砍掉这棵大树，以表示厌恶和驱逐的意思。孔子知道后，离开了宋国。

桓魋的专横狂妄，引起了宋景公的反感。君臣之间互相猜忌。于是，宋景公想除掉桓魋，而桓魋也处心积虑地要推翻景公。

桓魋首先发难，他找了个理由请景公到封地来祭祀祖先并赴宴。景公佯作同意，却派出心腹去侦察。侦察者发现，桓魋已经把他的家将武装起来，埋伏在景公预约来赴宴的地方。

景公当然不会去赴约，并且下令讨伐桓魋。两军交战，未能擒获桓魋，他逃到曹国，又招兵买马来攻打宋国，索性公开叛乱了。

桓魋如此凶恶，偏偏他的弟弟司马牛是个好学向上的青年，而且投师孔门做了孔子的学生。当他随孔子游学而听到哥哥谋叛出逃的消息后，心里很难受。他对同学子夏说："唉！人家都有兄弟，而我的哥哥已经叛国，我也没有这个哥哥了。"

子夏很同情他，也知道他一向与桓魋志趣相异，便安慰他道："不要忧愁吧！一个君子，只要严肃认真地看待一切，对所有的人都恭敬而注意礼貌，那么天下的人都是兄弟姐妹呀，不必为失去亲生兄弟而忧伤！"

子夏在同学烦恼时用这话来安慰他，当然是正确而有效的，这句话也因此流传下来了。

赏析

现代社会很多独生子女会因为没有兄弟姐妹而觉得孤单，但是我们会有很多朋友，他们也是我们的兄弟姐妹。我们要以一颗热心助人，要以一颗真心对人，一颗诚心取信于人。这样，我们就会朋友遍布天下。无论走到什么地方，都有人帮助我们、关心我们，就像我们的手足兄弟一样，可有多少"兄弟姐妹"主要还得取决于我们自身。

四体不勤，五谷不分

释义

身体很少劳作，五谷分不清。形容脱离生产劳动，缺乏生产知识。

故事

孔子周游列国，宣传他以仁义治国的主张，各国的国君都不肯接受。在一次离开齐国、奔赴宋国的路上，孔子坐着车，由几个学生跟随着。

子路在车后步行，走着走着，远远的落在后面了。他遇见一个老人，正用拐杖挑着耘田工具迎面过来。子路见了他，问道：

"老人家，您见到我的老师了吗？"

老人头也不抬，说：

"四肢不会勤力劳动，连玉米、小米、豆子、麦子和稻子五种谷物都分不清，谁知道你的老师是哪一个！"

说完，老人把拐杖插在泥土里，自顾拿起农具除起草来。子路听他说的话，意思是讲读书人四体不勤，五谷不分，很有道理，不敢再开口，拱手站在一边等着。

老人除完草，天色已晚了。他见子路仍然恭恭敬敬地站在田边，便请子路随他回家，杀鸡煮黄米饭款待他，老人的两个儿子也有礼貌地出来和子路相见。

第二天天明，子路谢过老人父子，急急忙忙地赶路，终于赶上了孔子。孔子问子路这一宿的情况，子路详细地叙述了遇到耕地老人的情况，特别

转述了老人所说的“四体不勤，五谷不分”这两句话。

孔子听了很震动，他沉思了一会儿，感慨地说：“是啊！我自以为学习很努力了，手上不大放下书册。但是，种田生产粮食解决吃饭问题，是人生最大的事，我却一窍不通，算得上什么老师呢！”

他又对子路说：“这位老人家一定是个有学问的隐士，你再回去看看他，我想见他一面。”

子路遵命去找，到老人家门前，只见板门紧闭，全家人都不在家；再往昨天经过的田头，也找不到老人，子路只好回去向老师复命。师徒们为了宣传他们的主张，实现他们的政治理想，又匆匆地上路了。

赏析

“四体不勤，五谷不分”，再加上“六畜不辨”，都是用来批评读书人只会读书，对一般生活的基础事项不了解，与现实社会脱节。提倡要重视社会实践，到生产劳动中去增长自己的才干，不能只是从书本上学习知识，所谓“纸上谈兵”是没有实际意义的。

岁寒知松柏

释义

到了天气寒冷之后，才知道松树、柏树是最后落叶的。比喻只有经过严峻的考验，才能看出一个人的品质。

故事

孔子应楚昭王的邀请，前往楚国。在半途中，孔子受到陈国官兵的阻挡，不准一行人前往楚国，就地围困他们，"绝粮七日"。子路当时也跟着孔子一起受困，他对于孔子平时"积德怀义、行之久矣"，却落得如此下场，心中深感不满。孔子便告诉子路："如果你以为有仁德的人必定会被信赖，那么，伯夷、叔齐就不会饿死在首阳山；如果你以为有智能的人必定会被任用，那么比干就不会被剖心；如果你以为尽忠的人必定会获得好的回报，那么关龙逢就不会被囚禁；如果你以为规劝的话必然会被听进去，那么伍子胥就不会被杀。"从这些历史人物的譬喻中，不难发现孔子把自己放在哪个位置，子路听后觉得很有道理。

孔子接着说："一个人有没有被赏识，与时机有关；贤明或不贤明，与人的才能有关。君子博学有才略却不被君王赏识的人很多，不只是我孔丘一人。芝兰生长在森林的深处，不会因为没有人欣赏就不散发香气；君子修习道德学问、树立功绩，不会因为穷困而改变志向。"

后来，孔子脱围，回忆当时的情景，便说"寒冬到了，才能发现松树、柏树是最后落叶的呀"，来表达他心中的感触，表现了他在政治混乱时，才可以发现君子行为正直，不会随便与人同流合污。

赏析

孔子以松柏傲寒而立作比喻，赞扬那些在乱世和逆境中，能像松柏那样坚贞不屈，傲寒挺立，仍然保持崇高的尊严和气节的人们。他认为，越是艰难困苦的恶劣环境越能考验一个人的品质，鼓励人们要像松柏那样耐寒，具有经冬不凋的品质，在任何严酷的环境中都要坚持真理，刚正不阿，保持正人君子的节操。

泰而不骄

释义

安详坦然却不骄傲自大。形容遇事心情镇静，态度从容，举止稳健，为人处世不骄横放肆。

故事

子张是孔子晚年较为得意的门生之一。有一次，子张在与老师谈论国政时突然问道："老师，一个国家的政务，可谓千头万绪，为政者怎样才能处理好那杂乱无章的事务呢？"

孔子认真思考了一番，伸出手，展开五指道："我觉得，一般来说，只要你尊崇五种美德，同时又摒弃四种恶习，就可以处理好国政了。"

子张赶紧问道："老师，五种美德是哪些呢？"

孔子缓缓道来："首先，给人民以好处而自己又不破费钱财；其次，可以役使老百姓而老百姓不怨恨；再次，可以追求自身需要的东西却又不贪婪；第四，安宁矜持而不傲慢；最后，树立威严的形象但绝不凶猛。这就是为政者的五种美德。"

子张听了很感兴趣，却又觉得未曾理解透彻，于是请孔子再作具体的阐述。

孔子也很喜欢弟子这种打破砂锅问到底的求学精神，于是不厌其烦地解释道："比如说吧，对于那些对老百姓有利的事情，诸如兴修水利、修整道路等，为政者只要因势利导，指导百姓去干就行了，这就是施政于民又不破费啊。再比如，农忙时不抽调百姓出工，农闲时倒可以集中精力干一些公益性的工程。这样，百姓出力也就不怨恨了。再如，君子追求的是仁德，又何必对其他东西感兴趣呢？又如，君子对人，无论职位高低，年龄大小都是一视同仁的，又何必对什么人傲慢呢？最后，欲正人先正己，君子理政不偏不倚、不苟言笑，岂不是不怒而威，但同时又不会使任何人感到你凶狠？"

子张听了很高兴，接着又问："老师，五美我知道了，还有四恶呢？"

孔子道："所谓四恶，首先就是平时不对老百姓进行礼法教育，等他们犯了刑律却处以死刑，这种不教而诛，是为暴虐；其次，遇事不曾安排布置，却要部下突然拿出政绩，这是粗暴；再次，下达命令时不强调时间，而中途却又限令克日完成，言而无信，是为贼也；最后，有些财物本应奖给部下的却出手吝啬，这是小气。以上四种行为都是当政者的大忌。"

子张听了连连点头，顿觉心明眼亮，以后他照着孔子的教导去做官、教书，都取得了明显的效果。

赏析

孔子在论述从政需要的五种美德时，把泰而不骄作为美德之一。泰而不骄不仅体现了一个人的风度，更重要的是体现了一个人的内在素质。要做到泰而不骄，首先要有一种坦荡的平常心，一个人只有不患得患失，才能遇事泰然处之。其次需要有容人的雅量，有广阔的胸怀，遇事才能显得泰然自若。

听言观行

释义

对于一个人，听他说的话，还要观察他所做的事。指考察一个人要全面。

故事

孔子有许多弟子，其中有一个名叫宰予，他言辞美好，能说会道，说起话来娓娓动听，利口善辩。起初，宰予给孔子留下的印象不错，孔子很喜欢这个弟子，以为他一定很有出息。可是不久，宰予就暴露出一些毛病，既无仁德又十分懒惰。

宰予思想比较活跃，但有时不免过于大胆，而且也太自以为是。一次，鲁国国君鲁哀公问宰予什么木料可以做宗庙祭祠的木料，宰予大胆地说："夏代用松木，殷代用柏木，周代用栗木，用栗木的意思是使人民战栗害怕。"孔子知道后，觉得宰予对鲁哀公有教唆的嫌疑，而且对周代的解释也有失公正，所以就批评了他。又有一次，宰予竟然向孔子提出要把三年之丧的传统礼制改为一年，如此非礼的问题，也受到孔子毫不客气的批评。

后来，宰予又问孔子一个古怪的问题："有仁德的人，你如果告诉他井里有仁德，他是不是也会跟着跳下去呢？"孔子听他这样问仁，觉得他有失厚道，所以就对他说："为什么要这样做呢？对待君子，你可以叫他远远走开，却不可以陷害他；可以欺骗他，却不可以愚弄他。"

一天，孔子给弟子讲课，发现宰予没有来听课，就派弟子去找。一会儿,弟子回来报告说宰予在房里睡大觉。孔子听了,十分生气。平时,宰予巧言利口,常常表达一种不合礼义的思想,本来已经让孔子不高兴了。如今又白天大模大样地睡起觉来,就越发让孔子感到失望。为此,孔子骂他是一块儿已经糟了的木头不能再设计雕琢了。

孔子伤感地总结道:“腐木头不能雕刻,土墙壁不能粉刷。最初我听到别人的话,就相信他的言行一定与他说的一样;现在我听了别人的话之后,还要考察一下他的行为。从宰予这件事起,我改变了态度。”

赏析

孔子在这里提出了一个认识人的原则:听言观行,这是他在实践中得到的真实体验。俗话说“知人知面不知心”,对人的认识,如果仅仅局限在人的音容笑貌和仪表言谈并不难,难的在于去全面认识其素养和道德品质。外在的言语与内在的品质之间并没有必然的联系,所以要观察一个人必须观其外,还要观其内,才能全面而客观。

往者不谏

释义

过去的错事不可以挽回了。多用作鼓励之辞。

故事

春秋时代，楚国有一个叫接舆的人，他对当时那些国君看透了，知道他们需要的绝不是有才有德、有独立见解的优秀人才。国君只需奴才式的人才，要会拍马溜须、见风使舵的人。

接舆这样特立独行的人物，楚国国君哪里会重用呢？所以，接舆一直在楚国各地晃来荡去。由于他平时总是一副疯疯癫癫的样子，楚国人就把他叫做狂人接舆。

当孔子应楚昭王的邀请而来到楚国边境的时候，接舆曾唱着歌曲规劝过孔子，让他打消诸侯国君重用他的念头。

那时孔子急匆匆从陈国赶来，希望得到楚昭王的重用。谁知楚昭王听信了楚国贵族的话，认为让孔子掌握了楚国的政权，就会伙同他的学生们造反，所以干脆让孔子待在楚国的边境地区不闻不问了。

就在这时候，接舆疯疯癫癫地来到了孔子逗留的这个地方。

一天，孔子坐着车同学生们一起游荡，远远地看见一个人半疯半傻地跑近孔子的车子，还大声地唱着一首诗歌：

凤鸟啊，凤鸟，（凤兮，凤兮，）

你的德行衰退了呀？（何德之衰？）

过去的就不要说了吧，（往者不可谏，）

未来的还可以挽回。（来者犹可追。）

算了吧，算了吧，（已而，已而，）

现在从政的都是些败类！（今之从政者殆而！）

孔子听着这首歌，赶紧下车，想同这个疯疯癫癫的人说几句话，谈谈自己的心事，可是等他走下车来时，那个唱歌的人却一溜烟地远去了。

赏析

从前的事情，既然过去了，就不要再去追究。因为我们很难改变既成的事实，我们能够改变的，只有自己的未来。很多人总是沉浸于往事的喜悲之上，难以自拔，已致影响当下的生活。其实，并非是往事客观上对我们造成了多大的影响，只是因为我们的内心难以摆脱。将更多的心思放在对未来的谋划上吧，用积极阳光的心态面对生活。

为政以德

释义

当政者运用道德来治理国政。

故事

一年春天，孔子与子路、子贡、颜回三位高徒一起去郊游。

师徒四人边登山边欣赏山上山下的景物，心情十分愉快，不知不觉来到山顶。

站在山顶，远近景色，尽收眼底，心旷神怡，子路禁不住仰面大喊一声，一时间千谷百壑回声四起。子贡站在一块巨石上，舒展四肢。颜回默立在孔子身边，一言不发，谦恭谨慎。

站在高山之巅的孔子，既感到斗转星移，岁月的流逝，时光的无情，生命是多么短暂，人是多么渺小；同时又感觉到人的伟大，在广阔的大地上，万物之中的人使命是何等重大啊！孔子转身对三个高徒说："站在高山之上，使人心胸为之开阔，精神为之昂扬，这里是表达心愿的好地方。你们谈一谈各自的志向和心愿吧。"

每到这种场合，总是子路第一个抢先发言。子路把宽阔的胸脯一挺，向前跨一步，率先说道："我愿手拿弓箭，在钟鼓之声惊动天地，摇旗猎猎遮天蔽日的战场上，统率大军攻打敌人，杀得敌人溃不成军，犹如狼入羊群，一定能争得千里之地，夺得敌军旗帜，抓获大批俘虏，胜利归来。"

孔子评论说："子路可谓勇士矣。"

这时候，子贡向前一步，面对苍苍的旷野，自信地说道："如果有两个大国在广阔的田野上交战，两军对垒金鼓相闻，旌旗相接，长矛在手，箭在弦上，一场血腥战争一触即发。这时候，我愿意穿着素衣，戴着白冠，从容不迫地去游说交战双方，详论利害，晓以用兵之祸，从中调解，消除两国之间的祸患仇怨，化干戈为玉帛，使两国停战休武，言归于好，我做这种事情如鱼得水，游刃有余。"

孔子说："子贡可谓雄辩之士啊！"

颜回专心地听着同学们的高谈阔论，默不作声，似乎并不为子路、子贡慷慨激昂的话语所激动，只是一直向远方眺望着。孔子等了一会儿，见他不说话，便招呼他，问道："颜回，为什么不谈谈你的想法？"

颜回笑笑说："武有子路，文有子贡，他们都说了，我还说什么呢？"

孔子说："人各有志，他们所说的，不过是自己的志向和愿望，你有很深厚的学问，岂能无志？照直说来，让我听一听。"

颜回沉思了一会儿，说："香草臭草不能放在同一个器皿中，唐尧夏桀不可共同治理国家，因为他们不是同类。我希望得到圣明君主的赏识，辅佐他，做他的相国，施行父义、母慈、兄友、弟恭、子孝等五教，以礼乐来教导人民，让人民安居乐业，不用修筑城郭沟池以备战之需要。把剑戟矛戈等兵器改为农具，马不用驰骋于疆场，放牛马于田畴旷野之中耕耘播种，使整个国家无刀兵之祸，人民没有离散之苦。就这样可以使天下诸侯各守其土，千年没有战争的忧患和骚扰。天下人民各安其居，各乐其业。"说到这里，颜回脸上露出一种心驰神往的专注表情。

听了颜回的话，孔子脱口赞道："为政要用仁德，便会像天上的北极星一样，固定在一个位置不移动，而所有的星辰都会环绕着，拱卫着它。这一番话，正是仁德之言啊！"

赏析

"为政以德"这个典故中，孔子以北极星受众星拱卫为喻，阐明了国君为政之要当以仁德为本，这样人民便会像众星拱卫北辰一样，归顺于他。但是，"为政以德"并不是无所事事。清代学者李久升在《四书证疑》中认为："为政以德，则本仁以育万物，本义以正万民，本中和以制礼乐（指国家法令制度），亦实有宰割，非漠然无为也。"

温故知新

释义

不断温习所学过的知识，从而可以获得新的知识。也指重温历史经验，更好地认识现在。

故事

鲁昭公十九年仲春三月，风和日丽，鸟语花香。官道上，一辆马车在缓缓行驶，曾皙驾车，孔子手扶辕木，直立车上。孔子此番出游，专赴临城，拜师襄子为师，请教有关弹琴的若干学问。

孔子有很高超的音乐天赋，经过十多年的日研月磨，不断操练，各种乐器无不炉火纯青。孔子做学问有着严格的计划性，常集中数年时间，专事某一方面的研究。前两年他致力于普查民俗风情，近来又转入研究音乐理论。

师襄是鲁国的乐官。古时候乐官称“师”，后来担任一项职务的人就把“师”作姓，冠于名前，故称“师襄”，又称“师襄子”（加“子”表示尊敬）。师襄在音乐理论上有很深的造诣，闻名于诸侯。他听说孔子来访，忙迎出大门，让于客室，以上宾之礼接待。

俩人见面，很快就转到了学琴的话题。师襄是个热心人，推心置腹，开言吐语，滔滔不绝。师襄说着从身边移过琴来，弹奏了一曲。孔子在一旁静听，感到此曲非同凡响，是他闻所未闻的，那指法、技巧也脱俗超群，出神入化。师襄弹完，将孔子引入后轩中，让孔子习琴。

一连三日，孔子在后轩习琴，练习师襄所教的曲子，没有再学习新的内容。师襄听孔子曲调已经弹熟,来到后轩祝贺说:"此曲你已弹熟,可以再学习新曲了。"孔子说:"感谢夫子教诲! 该曲虽已练熟,然技巧尚未纯熟,容我继续练习。"

又是3天过去了,师襄听着后轩中孔子的琴声技巧纯熟,音调和谐,韵味无穷,不断点头赞赏。他夸孔子弹奏胜过高明的琴师,说:"所有的技巧你已经掌握了,可以学习新的内容了。"孔子回答说:"温习已经学到的知识,却能够有新的体会和收获,这样就可以做老师了。"师襄听后高兴地笑了。

就这样,孔子在师襄家练习弹琴已有10天,马上要告辞了。二人依依话别,师襄夸赞孔子琴艺高超。他笑着说,音乐的希望在孔子,天下的希望也在孔子。果然,孔子没有辜负师襄的期望,成为古代的大圣人。

赏析

"温故知新"是孔子对我国教育学的重大贡献之一,他认为,不断温习所学过的知识,从而可以获得新知识。这一学习方法不仅在封建时代有其价值,在今天也有不可否认的教育意义。人们的新知识、新学问往往都是在过去所学知识的基础上发展而来的。因此,"温故而知新"是一种十分可行的学习方法。

闻一知十

释义

听到一件事就可以推知十件事。比喻学习、做事善于类推，得到新知。

故事

子贡是孔子的得意门生之一，他不像当时大多数读书人那样自视清高，很早就经商去做生意。由于他非常有经济头脑，很快就发了财，成了鲁国有名的富商。子贡又利用自己的财富作资本，积极从事政治活动，在鲁国和卫国都当过大官。他曾游说过齐国和吴国的国君，使两国混战，而让鲁国坐收渔利。总之，子贡算得上是一个精明的读书人。

虽然子贡很有才能，孔子却总认为他不如颜回。颜回聪明好学，很有道德修养，从来不乱对别人发脾气，也从来不重犯同样的错误。孔子最欣赏颜回的，是他能安于贫困，生活俭朴，身居狭窄的胡同，每天只要有一碗饭吃，有一瓢水喝，就非常知足了。可惜的是，颜回死得较早，没有做出什么惊天动地的成就，也没有留下不朽的著作。可孔子很喜欢他，说："颜回真是个贤人啊！"

有一次，孔子问子贡："你和颜回两个人，哪一个强些？"子贡知道老师的心思，很有自知之明，便答道："我怎么敢和颜回比呢！颜回能够闻一知十，而我顶多只能闻一知二罢了。"孔子听不出子贡的话外之音，还赞许地点点头，说："你说得对，你是不如他呀！"

赏析

从“闻一知十”这个典故中,我们不但了解了孔子对这两个学生的评价,而且知道在孔子的心目中,好学生的标准是:要具备触类旁通的能力。要想具有这种“闻一知十”的本领,关键是要培养自己的联想能力和独立思考能力,尽量拓展自己的知识面,拥有一定的知识积累,而且在思考问题的时候要有天马行空的勇气,不要被条条框框所束缚了思想。

文质彬彬

释义

原指文采和实质兼备,配合得当,就能做君子。后常用来形容人举止文雅,态度端庄从容,有礼貌。

故事

孔子与弟子周游列国。有一天他们经过曹国(今山东菏泽)。曹国人对孔子的到来很冷淡,孔子知趣地快马加鞭,通过曹国都城。

将近中午的时候,孔子和他的弟子们又困又乏,就在路边的树荫下勒马休息。他们借机开始谈诗论道,谁也没有注意一旁的马饿着了,挣脱缰

绳，跑到旁边田里啃起了庄稼。

等孔子他们要起程时才发现马走掉了。可这时，马已经啃倒了一大片庄稼。农夫发现后，便将马牵了过去。

子路见了，自告奋勇前去要马。他用手一指，大声喝道："小子，你凭什么把我们的马牵过去？快还给我们。" 本来已经很生气的农夫这下更恼火了："瞎眼了，你们的马把我的庄稼都给啃了，我们家今年吃什么？" 子路一听也火了："快把马还给我，不然车上几十个人，都要跟着到你家里去吃饭，你要不管饭就饿死在你家里，你可要偿命啊！" 说话间，子路瞪眼攥拳，农夫挥起铁锹，两个人就要打起架来。

善于外交辞令的子贡看见了，觉得自己的口才好可以说服人家，便急忙奔过去，向农夫作个揖，文绉绉地说道："先生，真是对不起了，我们的牲口误食了您的庄稼，幸亏是一匹马，啃的庄稼不多，请您把马还给我们吧！" 农夫怒气冲冲地说："你说话讲道理，不像刚才那位那么凶，可是怎么，你还嫌马啃我的庄稼少吗？" 尽管子贡不断地道歉，长篇大论地和农夫讲道理，可是农夫根本不听他那一套。

这一切都被孔子看在眼里，他对子贡说："你的口才虽然很好，但不会同农夫说话。" 说着，他让跟车的马夫去索要他的马。

马夫走过去说："大哥，你在东海耕种，一直种到西海。我的马拉车至此，快要饿死了，只好放它稍稍吃点儿路边的庄稼以求生。你的地如此宽广，我的马怎么能不吃你的庄稼呢？"

那个农夫听了高兴，对他说："说话应当这样明白，哪像刚才他们说话，瞧那个斯文劲儿。" 说着解开缰绳，把马交给马夫。

孔子含笑登车，对垂头丧气的子贡说："你虽然口才出众，辩才过人，但你那都是应酬王公贵族的，对于农夫你就是外行了。"

赏析

“文质彬彬”,这是孔子对君子的要求。典故中的“质”,是朴素的本质,“文”是文饰。在孔子的思想体系中,“文”,指合乎礼的外在表现,“质”,指内在的仁德;只有具备“仁”的内在品格,同时又能合乎“礼”地表现出来,这样才能成为君子。文与质的关系,亦即礼和仁的关系,二者是内容和形式的关系,必须恰当配合,不得有所偏废。

问一得三

释义

询问一个问题,而得到三个收获。形容求少得多。

故事

孔子非常重视对弟子们进行诗歌方面的教育和熏陶。

有一天,子禽见到孔鲤,就故意问他道:“伯鱼啊,你从老师那里得到了一些怎样特别的教导,能不能告诉我呢?”孔鲤就老实地说:“没有什么特别的啊,不过有一次,父亲独自站在大庭院中,我恭敬地走过时,他问我:‘学诗了吗?’我回答说:‘今天还没有学呢。’他就说:‘不学诗,就不会说话啊!’于是,我便退回去学习《诗经》。还有一次,他又问我:‘学

礼了吗？’我回答说：‘还没有呢。’他就说：‘不学礼，就不能立足于社会。’于是，我又退回去学礼。如果说父亲给了我什么特别教导的话，那么就一定是这两次谈话了。”

子禽听完了孔鲤的这番话，非常高兴。他回去后就兴高采烈地对其他同学说：“我向孔鲤问了一个问题，却得到了三点收获。”同学们就问他：“你得到了哪三点收获呢？”子禽说：“一是知道了好好学习诗的益处；二是知道了努力学习礼的必要；三呢，就是明白了一个道理，那就是像我们的老师这样德行高尚的人，即使对于自己的儿子，也不会偏爱。”

赏析

“问一得三”这个典故，讲的是子禽问孔子的儿子孔鲤：“你从老师那里听到过哪些特殊的讲授吗？”孔鲤讲了父亲要他学《诗经》、学《礼记》的事情，于是子禽满意地说：“我这一问，收获有三：知道要学《诗》、知道要学《礼记》、知道君子对自己的儿子并不特别亲昵。”很明显，所谓“问一得三”即是问的少，而得到的回答多，求少获多。我们联系平时常说的“学问”也是如此，既要在学中问，又要在问中学。问即是学，好学即是好问，善问即是善学。只有这样，才能获得更多知识。

吾少也贱

我年少的时候家境贫穷。

孔子3岁时,父亲叔梁纥不幸去世了,母亲才二十出头,但为了让孔子能够在一个更好的环境里成长,她不畏艰辛,带着孔子迁居到鲁国国都曲阜城内。从此,孤苦无依的母子俩便在这里安居下来。

孔子小时候,不像一般儿童那样玩耍,而是常常摆列祭祀用的各种器具,练习磕头行礼。这一点在今天看来是不可思议的,但在当时十分重视祭祀礼仪的背景下,却是很自然的事情。当然,这也少不了孔母的教导。事实上,为了教育孔子,为了孔子日后能够进入贵族上层社会,孔子母亲不知花了多少心血,倾注了多少母爱!

在孔子幼小的心灵里,自然能够时刻感受到这一点。多少回,望着母亲那辛劳、憔悴的身影,孔子的眼眶都湿润了!小小的孔子也挺争气,他开始帮助母亲做些自己力所能及的家务劳动,诸如扫地、洗衣、做饭、种菜等。到了十多岁时,孔子又帮助母亲做些繁重的家务,例如挑担、推车、买菜、卖菜,给人家放羊放牛,甚至在人家有婚丧红白喜事时做吹鼓手等。就是在这种贫贱的环境里,孔子渐渐体验到处世的艰难,从而开始成长,最终成为伟大的教育家。

赏析

“吾少也贱”讲到孔子早年丧父，家道中落，年轻时家境贫穷。一步步的努力，一点一滴的勤勉刻苦，成就了孔子伟大的一生。“吾少也贱”被许多白手起家者当成自励的话，有人延伸其义理解为不可轻视小事与杂事，因为大事业都是由小事情做起的，能从小处着手，才能完成大事。

乡原(yuàn)德贼

释义

乡原是败坏道德的人。乡原，指貌似恭谨，实际与流俗合污的人。

故事

有一次，子贡问孔子："乡里的老好人，人们都喜欢他，您对这种人怎么看待？此外，乡里都憎恶的人，对这种人又怎么看待？"

孔子听后考虑了一下，说道："不能光靠局部人的赞誉或毁谤来断定一个人的善恶，要能够'好人喜欢，恶人憎恶'的人才是第一等人。"他还进一步指出，大家都厌恶或喜欢的人和事，真实情况不一定如此，应该要查明清楚再下判断，千万不能人云亦云。

而那种人人都夸赞的人，孔子叫他"乡原"，这种人标榜凡事该从"大局"着想，不仅自己避免和人冲突，也不允许他人有不同意见，不仅自己奉行"明哲保身"的混世方法，当他人受委屈时，也要求别人有同样的雅量。动不动就说"有容乃大"、"识时务者为俊杰"等话来自欺欺人，说穿了不过是"墙头草，风吹两面倒"。因此，孔子对于败坏道德的"乡原"可谓是深恶痛绝，他感慨地说："乡原，德贼。"

有一次孟子的弟子万章问孟子："什么样的人是乡原呢？"孟子进一步阐述乡原的定义，他回答："这些乡原不愿落落寡合于世，认为人既然生在世上，就要做这世上的俗人，只要别人说声好就可以了。"最后，孟子得出结论，"乡原"就是那些做事遮遮掩掩，专想讨好他人的人。

赏析

很多人都是老好人，他们不去得罪任何人，也不会轻易发表什么言论。他们懂得枪打出头鸟的道理，只会躲在人后保全自己的安全。这样的人，不是我们学习的榜样。他们虽然不会引起祸患，但是也没有人会亲近他们。他们因为害怕打击，所以永远做不了领头鸟，只能追随别人一生。因此，我们不能为了保全自己而丧失个性，要有自己的原则，做真实的自己才是最大的成功。

性近习远

释义

人的性情本来是相近的，只因为受不同习气的沾染，便相差很远了。强调后天环境对人的影响很大。

故事

从前有一个专门饲养龙的人，他研究龙的嗜好和愿望，侥幸成功了。他得到了两条龙，就将它们饲养起来。

家龙安心待在院中的小水塘里，以为江河湖海不足以供它游玩；觉得人喂它的食物很香甜，以为大海中巨大的鲸鱼也提不起它的胃口。龙高兴躺着就躺着，喜欢活动就活动，很喜欢这个环境，不愿意到别的地方去。

这一天，有条野龙正好路过这里，饲养的家龙高兴地和同类打招呼："你往哪儿去啊？冬天要到了，还在无边的天地间到处遨游什么？快到洞穴中躲起来吧！你到处飘游不觉得很劳累吗？相比之下，还是我俩待在这儿清静安逸些。"

野龙笑着回答："你怎么狭隘到这种程度呢？大自然赋予我们健美的躯体，我们头顶峥嵘的龙角，身披闪闪的鳞甲，既能潜入深深的水底，又能飞腾于高高的天空，可以召唤满天彩云，驱使万里长风，也可以抑制如火的骄阳，滋润干枯的大地，我的视野能达到无边的宇宙之外，栖息在洪荒的旷野之中，走遍天涯海角，阅尽一切变化。这，不正是我最大的快乐吗？可是，现在你们这样窝囊地待在像马蹄印子一样大的水塘中，泥沙限制了行动自由，只有蚂蟥、蚯蚓之类的东西与你们做伴，求得的都是一些残汤剩菜。这样，你们和我的形体虽然完全相同，乐趣却完全不一样！受人愚弄、被人豢养的你们呀，迟早会被人家掐住喉管，割食身上的肉，我准备向你们伸出救援之手，可你们怎么反来引诱我，想把我也引入到陷阱中去呢？看来，执迷不悟的你们是难逃这本来可以避免的灾难了。"

于是，那条野龙离开了。隔了不久，被豢养的家龙果然被人逮住，剁成块，成了餐桌上的佳肴。

家龙和野龙的不同价值观导致了不同的生存状态。家龙贪图安逸、仰人鼻息，不求进取，结果不仅丧失了本性，而且还被屠杀。野龙虽飘浮不定，饱经艰辛，却无拘无束，挥洒自如，拥有广阔的天地，在奔波中获得了自由的乐趣和价值的扩展。这真是"性近习远"的典型故事。

赏析

孔子在这里强调了学习和环境对人的重要性。所以在教育上，要特

别注重“性近习远”的影响，所学的东西会改变人，环境也会改变人。人在后天环境中所学的东西和所受的影响，既可以让人品行高洁，也可以让人步入歧途，丧失天性。所以不管做什么事情，处于什么样环境中，都必须谨慎行事，不断提高自己的修养。

朽木不雕

释义

腐朽的木头经不起雕琢。比喻人已经败坏到不可救药的地步。

故事

孔子一生，勤学不倦，学而不厌。孔子教学，精于课读，勤于检查。他对弟子历来要求很严，容不得任何不思上进和懒惰怠学的现象。

一天，孔子给弟子讲课，发现宰予没有来听课，就派弟子去找。一会儿，弟子回来报告说，宰予在房里睡大觉。

对于此种大白天昏睡度日的行为，在孔子的弟子中还是第一次出现。这使得孔子异常生气，不由得当众痛斥道：“宰予啊，你这样的人正像一块腐朽的木头经不起雕琢，像泥土墙不能进行粉饰一样，这样的人还有什么可以造就的希望呢？唉！我是没有什么可说的了。”

宰予被同学叫醒，一看先生正在发怒，“朽木”立即明白了怎么回事，连忙跪倒在地，口中连声说道："老师，我一定改正，我一定改正！"

孔子不信任地摇摇头说："本来，我对别人的态度是听人家怎么说就会相信人家怎么做。但这件事使我明白，看人，不仅要看他怎么说，更要看他怎么做啊！"

宰予后悔万分，痛哭流涕地说："老师，您不要听我说，就看我今后的行动吧！"

果然，宰予说到做到，从此刻苦攻读，好学不倦，终于成为一名可造之材。

赏析

"朽木不雕"如今已成为妇孺皆知的典故，是对那些嘴上说胸怀大志，而不愿做出任何努力的人，给予的有力针砭。对于只说空话，不干实事的人，用再多的工夫去造就，也会像是雕刻朽木、粉刷粪土之墙一样白费气力。常言道：一分耕耘，一分收获，只有通过辛勤的努力，才会成就大事业。

学而不厌

释义

专心学习，永不满足。形容勤奋好学。

故事

孔子幼年丧父，家境渐贫，曾替人看过仓库，也曾放过牛羊。条件虽然艰苦，但他勤于学习，博学多能，渐成大家。

有一天，几位好友聚在一起，其中一位请教孔子："先生，我们都很仰慕您的人品学问。也很想知道您是怎样治学的，可有什么秘诀可以授人吗？"

孔子笑道："哪有什么秘诀，我这个人就是喜爱古代文化，一心一意想从历史文化中寻找王道脉络。"

朋友又请教："您在学术上的贡献也是众人皆知的，能不能总结一下您的治学精神呢？"

孔子答道："说到治学，我当然是好学不倦的。更主要的是能把所学的东西默诵至熟，牢记于心。然后，又用自己所学的知识来传播文化，广颂王道，辅导弟子而广育英才。"

朋友颇受感染，插话道："是啊，先生您在教学上那更是独树一帜了，能不能总结一下您教书育人的经验呢？"

孔子谦虚地说："经验嘛，也谈不上，我无非是勤于教导学生，永不倦怠罢了。"

赏析

“学而不厌”、“学如不及，犹恐失之”是孔子一生努力学习、从不停息的真实写照。“不厌”有两种解释：一是不会感到厌烦；一是不会感到满足。学习是一个日积月累的过程，也是一个需要静下心来默默坚持的过程，要想把学习搞好的关键是自己要静下心来。所以要想做到学而不厌，就要学会培养自己的学习兴趣。

学无常师

释义

求学没有固定的老师。指凡有点学问、长处的人都是老师。

故事

卫国大夫公孙朝问子贡：“你的老师知识十分渊博，无所不知，他到底是跟谁学的呢？”

子贡回答说：“文王、武王统一了天下，周朝奠定了西周的政治与文化，这些周朝的文化还是流传下来了，并没有因为时代变迁而被抛弃，但问题在于人。如果是比较富有学问和道德修养的君子，就能够比较全面

而系统地了解和掌握中国文化的基本精神;如果是一般人,就只能知道一些中国文化比较具体的方面。总而言之,无论是谁都或多或少地了解、懂得中国文化。所以,我的老师没有固定跟具体的哪一个人学习,只要谁学有所长,就跟谁学习。这样,我的老师就能够博采百家之长,最终成为中国传统文化的集大成者。”

公孙朝又说:“那么,请你举些具体事例吧!”

子贡回答道:“比如周室的史官老子、卫国大夫蘧伯玉、齐国大夫晏平仲、郑国大夫子产、鲁国大夫孟公绰、东师师襄,还有楚国的老莱子等。另外,我的老师还几次称赞晋国大夫介子推,鲁国大夫臧文仲、柳下惠等贤人。至于古代的尧、舜、禹、文王、武王和周公、伯夷和叔齐,以及管仲等先圣往哲,那就更不用说了,他们都是我老师的老师啊!”

赏析

孔子是一个善于学习的人,能够借别人的优点来弥补自己的不足。用他自己的话来说,“不是生而知之”,而是学而知之的。其中“三人行必有我师”,就是他求学的方法之一。知识是广博无边的,而人的精力是有限的,对于孔子来说,也不可能面面俱到,因此他是“学无常师”,这样使他学习知识更加全面,做事才能臻于完美。

言必信，行必果

说话一定要守信用,做事一定要有成效。

有一次,子贡陪伴孔子到郊外去散步时,突然问道:“老师,您认为读书人称‘士’也有什么等级之分吗?”

孔子很高兴地答道:“有啊,怎么可能没有呢,依我看,起码应分3个等级。”

子贡兴致也很浓:“依您说,第一等级是哪些人呢?”

孔子回答道:“这个不是以具体人划分的。第一等的嘛,应该是德才兼备的。以德而论,有自我完善的品格;以才而论,即使奉命出使外国,也不会辜负国君的委托。”

子贡又问:“那第二等级的应是什么样的人呢?”

孔子答道:“这第二等嘛,应是有德行但欠缺才华的读书人。比方说,他们在宗族之间被誉为孝顺父母的典范,在家乡则称为尊敬兄长的君子,只是委以重任则难以圆满完成。”

子贡接着又问:“除此之外的读书人都是第三等人吧!”

孔子正色道:“那也不是。第三等的人则应是诺守信用,办事果断,不问是非曲直,只求贯彻自我言行的读书人,这些人是没有什么志向的,但总算不辱斯文。”

子贡最后问:“老师,依您看,现在官场上的这些读书人算是几等之

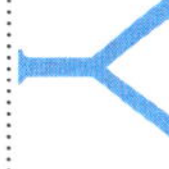

士呢？”

孔子不屑地往河边吐口唾沫道：“呸，那些人就算不上什么士了，他们只不过是器量狭小的小人，何足挂齿啊！”

赏析

“言必信，行必果”这个典故，意思是讲一个人说了话，一定要守信用，确定了什么事，一定要坚决、果断地干下去。如果一个人能在待人处世上做到这两点，我们一定会赞美他，称扬他。但是，当时孔子却是把它们作为品质方面的低要求提出的。孔子对“士”的理解，不仅指个人言行，还从齐家、治国方面提出了适当的要求。

颜回好学

释义

颜回爱好学习。

故事

颜回是孔子的许多弟子中最受恩师赏识的一个。他出身寒门，生性也并非特别聪慧，但颜回笃学不止，长于思考，每每能够举一反三，故而深得孔子所爱。

有一次，一个刚刚入门的弟子求教孔子："您总是对我们夸赞颜回，要我们以他为榜样，可是我总觉得他在您的弟子中并非特别突出。比如说，论能言善辩，他比不上子贡；论下笔生花，他比不上子游；而论勇武刚强，他也比不上子路。颜回的特点究竟是什么呢？"

孔子知道这名新弟子不了解颜回的为人和学问，便对他说："说实在的，颜回刚来到我这里的时候，我也并不怎么喜欢他。我给他讲课，无论讲得多么生动，他也只是默默地望着我，聚精会神地听着，从来不提出问题，也不表示不同的看法。"

那位弟子不由得问道："颜回这样木讷，是不是在智力上有些迟钝呢？"

孔子回答："关于这一点，一开始我也是这样想的，但是等他离开课堂，我又进行了一些细微的观察，才发现颜回在日常生活中，早已把我讲的精神实质领会于心，并且往往能够做得很出色。更重要的是，颜回从来不把愤怒发泄到别人身上，不犯同样的错误。这样的人，难道不值得我们所有的人学习吗？"

孔子的一番解释，使得那名新弟子从心底里对颜回折服了。

赏析

"颜回好学"，这个典故是孔子赞美他最喜欢的学生颜回所具有的品德修养。在众多学生中，孔子之所以最看重颜回，是因为颜回不但发愤学习，勤于思考。更重要的是自己心情不好时，从来不拿别人泄愤，也从来不重犯同样性质的过失。由此可见，孔子所说的"颜回好学"，首先是为人处世品德修养的学习。当然，知识学习也不能放松。所以说，人们在学习过程中，更要注意道德修养的培养。

仰之弥高

孔子的道德学问，愈仰望愈觉得其崇高。表示极其敬仰之意。

颜回是孔子最得意的弟子。他对孔子的思想体系，领会最深透，即便如此，当颜回评价孔子的学术境界与自己所学的深度时，他会怎么样说呢?

有一天，颜回独处一室，捧读孔子新近的授课提纲，由于精神过分集中，以致有同学进来都毫无觉察，恰巧这个人又是与他最要好的子路，子路平日以随便豁达而出名，所以他一看颜回如此专注，便想开个玩笑，于是故意学着孔子的声音扳起嗓子眼说："回啊，你又在学什么呢？"

说也怪，这个假"孔子"轻轻一声，一下就让颜回回过神来，连忙向子路表示歉意，子路也不客气，坐下来就问："老兄，看你这七窍丢魂的样子，可是在思考什么大事呀？"

颜回道："说大不大，说小也真不小，我刚才看先生的提纲，先生的学问可谓博大精深，我们越学越觉出他的高大与自己的渺小啊！"

子路说："唉，老兄你这个人呀，别的都好，就是谦虚得过分了，要不是我了解你，旁人还以为你是虚伪呢！老师之道自然是高，可你也算是学有所成的二圣人了，怎么能说出这样的话来？"

颜回摆摆手说："老兄啊，这你可说错了，实话说吧，对于先生的理论，我真的时常感到困惑。有时你似乎看见真理在前面，而当你走过去回头一看，却又仿佛在你的后面。”

子路道：“既然如此捉摸不定，那我们学它还有什么意思呢？”

颜回拍拍子路的肩膀，感慨道：“所以才说先生伟大啊！如此艰深的理论，只要你好好地听咱们先生的循循善诱，那就一切都可以迎刃而解了。正是如此，我才每每听到老师的理论有如高山，而我们尽管努力攀登，却总是仰视其雄立于前，攀顶似乎举步维艰。”

子路这时又是另一番感慨，不仅叹服先生的圣明，也叹服颜回的精神了。

赏析

对于我们追求的理想，自己要从内心去崇敬它，欣赏它，把它当做心中的信仰。因为内心的这种信仰，我们会更有追逐的动力，我们要把崇高的理想当做我们的灯塔，指引我们前进。当我们悲观失望的时候，当我们迷茫无助的时候，我们可以抬头眺望着它，找到坚强的信念继续努力前行。

一言兴邦

释义

一句话就可以使国家兴盛起来。

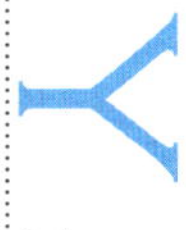

孔子在鲁国的时候,有一天,鲁定公邀请孔子相谈,鲁定公问:“先生,有人说一句话就能使国家兴盛起来,有这样的事吗?”

孔子端坐侧席,认真地回答:“一句话不可能起这么大的作用啊!”

鲁定公本来是抱有一丝希望的,听孔子一说此种捷径不存在,不禁有些失望。孔子看出鲁定公的心理,进一步解释道:“当然,人们都说,当国君难,做臣属的也不容易,如果君主知道做君主的艰难,凡事以大局为重,尽心尽力,谨慎处理军国大政,那么他讲的话不就近乎一句话可以使国家兴盛了吗?”

鲁定公点点头,又问道:“一句话就能导致亡国,有这样的事情吗?”

孔子回答:“这个道理与刚才‘一言兴邦’的道理一样,我们不应当指望它有那么大的威力。”

看鲁定公静听下文的样子,孔子接着说:“当然,事情总有它的复杂性,举个例子吧。我听说有一位国君对人讲,我做君主的唯一快乐就是没有人敢违抗我的话。那么试想,假如这位君主说的话是正确的,没有人违抗倒不失为一件好事;假如他的话荒谬至极而无人敢于违抗,那么,这样的一句话不是可以亡国吗?”

鲁定公没有再问问题,却也没有感谢孔子的一番论述。

赏析

祸从口出,说话不恰当,可能一句话就能够引起灾祸。一句话也很容易给我们带来好运气,但是我们不能指望一两句话就改变自身的命运。说话虽然很重要,但更为重要的是我们的行为。我们不能以为一句话就能够解决所有问题,于是好逸恶劳地坐享其成。只有踏踏实实,脚踏实地的人才能够走得稳。只有万事俱备的情况下,一句话才能够起决定性的作用。否则,一句话就是空中楼阁,用处甚微。

益者三友

释义

有益的朋友有三种。

故事

孔子有一个老朋友,叫做原壤。他可真是一个随随便便的人,一点儿也不遵从当时的礼节,还常常给孔子找碴儿制造点麻烦,简直是一个老刺儿头。

孔子曾经用手杖敲着他的腿,用挖苦的口气责备说:“你这个人啊,年轻的时候就不规矩,年纪大了还是这样无理调皮,还能有什么出息。唉,你没有作出什么贡献来,老了还要白吃粮食,可真是个害人精啊。”

话虽这样说,但孔子还是非常珍视他们之间的友谊。虽然说道不同,不相为谋,可孔子认为友谊与追求还是要分开来看的,不能因为朋友的志向与自己不同就不保持友情。

原壤的母亲死后,孔子前去帮助他料理丧事,而原壤可不买他的账,不但不与孔子配合,竟然疯疯癫癫地跳到棺材上,使劲儿敲打着棺材板,

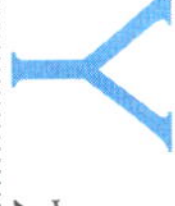

冲着孔子笑嘻嘻地唱了起来。孔子知道，原壤不过是以这种怪诞的行为来反对他“克己复礼”的主张。于是，他也就装聋作哑，只当没有看见，没有听见一样，自顾自地干他该干的事情。可是，跟随孔子的弟子们却忍不住了，气愤地说：“这样的朋友，难道还不应该同他绝交吗？”

孔子却丝毫也没有生气，他微笑着说：“你们没有听人们说过吗？原先同你亲近的人，你也应该一直亲近他；老朋友无论如何也总是老朋友啊！”

孔子就是这样一个人，他总是用自己的言行来教育弟子同朋友和睦相处。当他的朋友去世没人办丧事的时候，他总是自告奋勇地说：“由我来料理吧！”他认为苛求别人是很没有教养的表现，高尚的人应该对自己严格要求，所谓“君子求诸己，小人求诸人”。当然，孔子并不是一个盲目附和朋友的人，他认为：

“君子和而不同，小人同而不和。”

就是说，有德行的人能互相和谐共处，但不盲目附和；小人盲目附和，却不能和谐共处，这就是原壤与孔子这两个有德而异志者保持友情的秘诀。

孔子的交友之道，是值得我们学习的。他认为，有益的朋友有 3 种，有害的朋友也有 3 种。与正直的人交朋友，与诚实的人交朋友，与见闻、知识广博的人交朋友，是有好处的；与虚伪造作的人交朋友，与献媚逢迎的人交朋友，与巧嘴利舌的人交朋友，是有害的。这就是孔子与原壤等人交友的经验之谈吧！

赏析

人生不可能没有朋友，交友不可不慎重。朋友就像一面镜子，可以反映出一个人的兴趣、志向和品位。与正直的人交友，能时时听到自己的过失，常常改过从善；与多闻的人交友，能更新人的观念，开阔视野。相反，若与便辟柔佞之人交友，则会受花言巧语、逢迎谄媚所惑，不能为善行仁，导致自己利令智昏。

有教无类

释义

对任何人都可以有所教诲，没有种类和等级的限制。指孔子收徒弟不分阶层。

故事

在古代，接受教育的都是那些贵族子弟，穷人子弟没有受教育的权利，此外还有那些天资低劣，根本无法读书的孩子。

在西周时期，学校都由国家控制和垄断，所谓“学在官府”就是这个意思，当然只有贵族子弟才有受教育的权利。贵族子弟在8岁入小学，15岁入大学。小学7年，大学9年。一个贵族接近30岁时才算完成学业，才有资格参与治理国家。

到春秋时期，王室衰微，诸侯崛起，官学逐渐为私学所取代。孔子就是兴办私学的典型代表。孔子第一个把贵族所垄断的文化教育普及给了普通的人。他的教学原则之一是“有教无类”，即不管你是什么身份的人，

只要肯学习,他都愿意传授知识。孔子曾经说过:“不管是谁,只要拿十条干肉来做学费,我从来没有不给以教诲的。”

孔子是这样说的,也是这样做的,据说他有三千学生,其中学业优秀的有72人。他的学生有来自各个阶层的,有贵族也有平民。如南宫敬叔是鲁国的贵族,子路是“野人”,曾参穷居卫国的时候,面色焦黄,破衣烂衫,因为干粗活儿,手上出了老茧。闵子骞冬天没有棉衣,用芦苇花当棉絮用。

当时,有人对孔子招收这样杂的学生十分不理解,就问他的学生子贡:“你的老师收的学生也太杂了吧?”

子贡回答说:“品行端正的君子接待四方之士,就像医术高明的医生接待病人一样,怎么可以拒绝来者呢?”

赏析

“有教无类”是孔子著名的教育原则,也是人类教育史上的创新和改革之举,开平民教育之先河。这种教育机会均等的人才培养结构,打破了富贵阶层垄断和把持教育的局面。孔子是我国第一个提倡并实施平民教育的人,他的学生中,既有大富大贵的人,如子贡;也有极其贫穷的人,如颜渊。孔子施行的“有教无类”,具有重大的历史意义。

欲速则不达

后来指一味求快，反而难以达到目的。

故事

子张是孔子的学生，他很想了解以后的社会是怎样的，于是问孔子说："老师，今后十代的事情可以预知吗？那时候，社会将是什么样的？"

孔子作了耐人寻味的回答："先看一下以前的历史吧，殷朝是在继承夏朝的基础上发展起来的，但它对于夏朝的礼仪制度有所扬弃。由此可见，以后继承周朝的，即使隔了一百年也可以预知。"

一直站在旁边但没有发言的颜渊听了，感觉孔子所说的"扬弃"内容深刻，于是他就问孔子："老师，您所说的'扬弃'，如果要落实在综合治理国家上，那该怎么办呢？"

孔子回答说："这就体现在选用夏朝的历法，乘坐殷朝的车子，佩戴周朝的礼帽，在音乐方面就用《韶舞》上。但要废弃郑国的乐曲，远离那些惯于挑拨离间、狂言妄语的小人，这是因为郑国的乐曲淫靡，狂妄的小人坏事。"

子贡听了，发表自己的看法："刚才老师所讲的选用夏朝的历法、乘坐殷朝的车子、佩戴周朝的礼帽等，这其实是一种综合改革。现在，总揽天下形势，其中，齐国的经济实力和综合国力比较强，可是它实行霸政；而鲁国则比较弱小，不过它循守礼仪。如果对这两个国家实行改革，那将会是一个怎样的情况呢？"

听到子贡提出的这一问题，孔子心里感慨万分，非常激动地说："要是齐国一旦实行改革，注重文教，那么就能达到像鲁国那样礼仪文明的速度；如果鲁国一旦解放思想，实行改革，注重发展经济，增强综合国力，同时继承和发扬原来的礼仪传统，那么鲁国就能达到王道那样的理想境界了。"

子路一听，脱口就说："那么就赶快实行改革吧！"

孔子一听，脸有忧色，语重心长地劝诫道："子路呀，改革是必须的，但同时要注意，欲速则不达啊！"

赏析

"欲速则不达"，这是孔子教导弟子为政的原则，朱熹认为："见小者之为利，则所就者小，而所失者大矣。"当今社会，每个人都渴望快速成功，所以很多人都产生了投机取巧的浮躁心理，而最后的结果往往是欲速则不达。因此，要想成功就不要太心急，不能只图快不求好，急于求成反而干不好事，养成稳扎稳打的行为习惯能让你受益终生。

原思拒富

释义

原思拒绝接受孔子给他过高的俸禄。

故事

孔子周游列国，到处讲学，名望越来越高。所以，当他再次回到鲁国的时候，鲁国的国君就不得不对这位学者刮目相看。孔子也总算有了一个施展政治抱负的机会，于是双方不谋而合，就在孔子52岁的时候，出任了鲁国的司寇，所谓司寇就是主管司法的大臣。这样一来，孔子政务繁忙，几乎一贫如洗的家业也就庞杂起来，孔子甚至觉得必须有一个人来代他掌管家务了。这个被孔子任命为总管的人，就是孔门弟子中善于理财的原思。

原思上任伊始，孔子考虑到他的家里不算富余，便决定给他每年九百斗小米为俸禄，这个标准在当时可以说是比较高的了。

然而原思却拒不接受这么高的俸禄。他直接找到孔子，非常诚恳地对孔子说："老师，您对我的关怀和信任，我是感激不尽的，管家这份工作是我们做弟子的求之不得的差使，人人愿尽的义务，我怎么敢贪求那么高的俸禄呢？我请求您还是把我的俸禄定得低一些吧！"

孔子看着原思，一方面很欣赏他的这种态度，一方面又很认真地说："原思呀，你不要推辞，现在既然给你一定的地位，那就应当按规定给你相应的报酬，这是国家的规定，不是谁对你的恩赐。"

原思仍然坚持自己的观点，又说："老师，您也知道我的为人，生活上一向节俭，家中又无大的负担，我要那么多的钱干什么呢？"

孔子用决断的口气，同时又提醒原思道："原思，我这决定了的事情就不要改变了。你如果确实不需要那么多钱粮，为什么不把剩余的部分用来周济你周围的穷人呢？"

原思恍然大悟，欣然从命去了。

赏析

于那些不义之财，我们应该拒绝接受。但是对于那些属于我们的东西，我们没有必要去拒绝或者谦让。任何事情都是有规律的，我们不能破坏了自然法则。我们付出了劳动，就可以理所应当地去接受回报，这是对于勤劳者的奖赏。如此，人们才会更加辛勤地去努力，更加有动力的去学习。

原宪归隐

释义

原宪回去过隐居生活。

故事

原宪字子思，春秋时期鲁国人，比孔子小36岁，在孔子的学生中，他是功名利禄之心不太强的一个。

原宪就什么样的行为是可耻的这一问题向孔子请教，孔子告诉他说：

“如果一个国家的君主懂得治理国家，并将国家治理得井井有条，有学问的人做官拿俸禄，是很值得的；如果一个国家昏君当道，民不聊生，有学问的人在那儿做官拿俸禄，就是很可耻了。”

后来，孔子去世，原宪就隐居到卫国的乡下去了。

当时，子贡在卫国当官，其地位大概相当于后世所说的宰相。

既然有同学在自己治理的范围内，子贡当然要去看一看了，所以，他坐着四匹马拉的华丽车子，在大批骑马随从的陪同下，浩浩荡荡地向原宪的住地进发。

原宪的住地太偏僻了，这大队人马费了九牛二虎之力，好不容易才到达了原宪的破屋前。

原宪听说同学子贡来了，就出门去迎接。他一副面黄肌瘦的样子，穿着破衣烂衫，手里拿着一根树棍做手杖。当着这么多随从的面，原宪这身打扮与破败样，使子贡觉得面子上很过不去。于是，他就问原宪：

"你这副样子是生病了，还是怎么回事？"

原宪一听子贡的问话中有责备他的意思，就回答说：

"我听说，没有金银财宝的人是穷人，学到了人生的大道理而不能履行的人是真正的病人。像我现在这样子，就是穷而已，还谈不上病哩！"

子贡一听，觉得很惭愧，自己只不过做了个官，就得意扬扬，以致忘记了老师的教导，真是很不应该啊！

子贡和原宪的这次见面，实在很不愉快，所以只是草草见了一面就告别了。

赏析

很多人醉心于功名利禄，难以自拔。其实一味地追求这些，会让自己的人生变得苍白，我们人生的意义不止于此，应该有更多的追求。所以，即使有朝一日我们得到了名利和地位，也没有必要高调处世。不要把那些事物当成我们的梦想，它们只是我们追求梦想的附属品，追逐梦想的程是快乐的。所以，我们要淡泊名利，才能得到人生真正的快乐。

朝闻夕死

释义

早晨领悟了真理，就是晚上死去也是可以的。形容对真理或某种信仰追求的迫切。

故事

晋平公作为一个国君，政绩不凡，学问也不错。他在70岁的时候，依然希望多读点书，多长点知识，总觉得自己所掌握的知识实在是太有限了。可是70岁的人再去学习，困难是重重的，因此，晋平公对自己的想法总还是不自信，于是他去询问他的一位贤明的臣子师旷。

师旷是一位双目失明的老人，他博学多智，虽然眼睛看不见，但心里很亮堂。晋平公问师旷说："你看，我已经70岁了，年纪的确老了，可是我还很希望再读些书，长些学问，又总是没有信心，总觉得是否太晚了。"

师旷回答说："您说太晚了，那为什么不把蜡烛点起来呢？"

晋平公不明白师旷在说什么，便说："我在跟你说正经话，你跟我瞎扯什么？哪有做臣子的随便戏弄国君的呢？"

师旷一听，乐了，连忙说："大王，您误会了，我这个双目失明的臣子，怎么敢随便戏弄大王呢？我也是在认真跟您谈学习的事呢。"

晋平公说："此话怎么讲呢？"

师旷回答说："我听说，人在少年时代好学，就如同获得了早晨温暖的阳光一样，那太阳越照越亮，时间也久长。人在壮年的时候好学，就好比获得了中午明亮的阳光一样，虽然中午的太阳已走了一半，可它的力量还很强，时间也还有很多。人到老年的时候好学，虽然好像到了日暮时分，没有了阳光，可他还可以借助蜡烛啊！蜡烛的光亮虽然不那么亮，但总比在黑暗中摸索要好得多吧？”

这时候，晋平公才恍然大悟，高兴地说：“你说得太好了，的确如此！我有信心了。”接着他又说：“这也正如孔子所说的，早晨领悟了真理，就是晚上死了也是可以的。你讲的道理我完全明白了。”

赏析

“朝闻夕死”这个典故一直被人们广泛引用。孔子这句话表达了两层意思，一层是表达了一种追求真理的决心，另一层说明了追求真理不在于迟早，即使你已经步入生命的暮年，只要你有追求真理的决心和行动也不算晚。孔子这个典故深深地影响了他的弟子们，也表达了历来追求真理的人们的共同感受。

知与不知

释义

知道和不知道。形容在学习上必须实事求是，不能不懂装懂。

故事

仲由，字子路，是鲁国卞（biàn）邑人。他为人正直，有勇力而性格比较粗鲁。有一次，他特地去找孔子，仅仅因为不服气孔子的识礼博闻而想凌辱孔子。不料，见了孔子，孔子以礼相待，针对子路的性格特点，用言语来诱导他、教育他。子路痛切地感到自己过去凭意气和勇力对待人和事是错误的，便写了悔过的检讨书，下决心拜孔子为师。

子路虽然粗鲁，但有个很大的优点，叫做“闻过则喜”，就是听到别人批评他的错误缺点便很高兴，乐于改过，因而进步很快。

子路对他的母亲很孝顺。母亲年龄大了，要吃些细粮，他常常步行到百里以外去买米背回来供老母食用。

以勇武闻名的子路投师孔门以后，对孔子和其他的文弱同学来说，无形中起到了保护作用。所以孔子曾说：“自从仲由来了以后，耳朵里再也听不到什么恶言恶语了。”

但是，孔子对子路的“勇”还是不断进行诱导。他告诫子路说：勇要有仁义为前提，君子好勇而无仁义就会造成混乱，小人好勇而无仁义就会去偷盗。

孔子认为子路的本质很好，所欠缺的是学习，所以一再教育他。一次，孔子问子路：“由啊，你知道人应该有哪6种品质吗？”

“学生不清楚。”

“那就是仁、智、信、直、勇、刚。”

子路听了，觉得自己至少具备信、直、勇、刚四种，很高兴。但是，孔子又接着说：“可是，我告诉你，仁而不好学，就会受到愚弄；智而不好学，就会行为放荡；信而不好学，一定遭受祸害；直而不好学，会成为急躁尖刻；勇而不好学，会闹出乱子；刚而不好学，将造成狂妄偏执。”

子路这才明白，老师的目的是启发他好学。

孔子还对子路说过一句著名的话，告诉他怎样才能做到真正的“智”：

“知之为知之，不知为不知，是知也！”

赏析

万事万物，并非我们都能知晓，很多事情都在我们的认知之外。我们如果不懂，切不可为了面子去装懂，否则就会永远不“懂”。因为人们以为他本身博学，而不会告知他更多正确的知识，这样日积月累，他的内心就会越来越苍白不堪。当我们遇到不懂的事物，坦然面对，勇于求知，会得到他人的尊重，同时也能够激发我们的好学之心。

知者乐水

释义

聪明有智慧的人喜爱流动的水。形容聪明人的思想像水一样活跃。

故事

孔子 47 岁那年的春天，人们在泗水河畔漫步，一路走去，桃红柳绿，草色青青，春风激荡。

孔子听说泗水正涨春汛，便带着弟子们前往春游踏青，赏水观澜。

河水滚滚滔滔，泛着亮澄澄的波涛，奔流向前，像夜空一样深邃，像眸子一样晶莹，像马驹一样欢腾。

孔子来到河边，俯身弯腰，目不转睛地盯着奔腾的波涛。他伫立良久，顶礼膜拜似的静静站着，然而他那不时紧蹙的眉头却在告诉人们，他此刻的心像奔腾的春汛一样不能平静。弟子们围拢过来，不知先生在看什么，在想什么。

率直的子路问："老师何观？"

孔子平静地说："观水也。"

"观水？"弟子们不解其意，一个个都愣怔怔地望着孔子。

颜回说："老师遇水必观，其中必有讲究。愿老师明教。"

孔子凝视着泗水河的绿波，无限深情地说："水奔流不息，是哺育一切生灵之乳汁。它好像有德，德高盖世；水无定形，流必向下，或广或长，循之以理，它好像有义，义重如山；千支万流汇入海洋，茫茫荡荡不见涯际；水好像有道，道浩烟海；穿山崖，凿石壁，从无惧色。水好像有勇，勇往直前！再者，安放必平，无高低上下；水似守法，量见多少，勿需削刮；水好像正直，无孔不入；好像明察，发源必向东；好像立志，万物入水洗涤必洁净；又好像善施教化。由此观之，水乃真君子也！它能晓人以立身处世之大道，安可不观！”

弟子们听说了孔子的一番宏论，无不惊诧。谁能料想，司空见惯的流水，在老师的心目中竟然有如此深奥神秘，有血有肉。

绿草如茵的河畔上，弟子们围在夫子身边，或蹲、或坐、或仰、或伏，孔子操琴，弟子们唱歌。先是独唱，后是合唱，抒情言志，或悲或喜或壮，歌声随着春风飞向天际，融进泗水的碧波里，奔向远方的大海。就在这时，孔子向弟子们讲述了“知者乐水”这个典故。

赏析

南怀瑾先生认为聪明的人快乐，就像水一样，永远是活泼的。因为智者往往是敏捷、灵活而快乐的，兴趣是多种多样的，这种品德正是孔子所赞美的。我们在日常的工作和学习中，真正享受生活，才会达到“智者乐水”的境界。只有学会享受如水般充满诗意与智慧的“心灵生活”，真正领会生活的诗意，生活的无穷乐趣，我们工作、学习起来才会感到更有意义。

子产英明

释义

子产有远见卓识。

故事

春秋时期,郑国人有一种习惯,大家喜欢聚集在一个特定的地方,来议论天下大事和国内政治,这个地方就叫“乡校”。

可是,也有一些人,特别是权力在握的贵族们,接受不了这种乡校的舆论,然明就是其中的一个代表。一次,然明向郑国宰相子产建议:“干脆把乡校毁了,怎么样?”

子产严厉地回答说:“干吗要毁掉乡校?那是人们朝夕相聚,议论国家时事、政治得失的地方。如果人们都以为是好的,那就可以采纳执行,加以推广;如果都认为不好,我就可以反思、改正做法。所以,这些舆论就是我的老师啊!为什么要把乡校毁掉呢?”

然明听了,脸有难色,不敢再说什么了。

子产继续说道:“我只听说过用忠信善良的品行来减少别人的怨恨,从未听说过依仗虚摆架子、作威作福来防止民怨的。预防老百姓的口就好像预防河流一样,如果采取强制性的堵塞办法,纵然暂时堵住了,可一旦河流冲垮堤防,后果就不堪设想,我也就没有什么办法挽救了。

“因此,不如留些小缺口,以便疏导河流。同样,对于民众舆论也是这个道理。尽可能让民众说出自己心里的话,我采纳其中的好建议,改正自己以往的过失。如果舆论本身有什么不对,我可以想办法引导纠正。”

对于子产的思想言行，孔子听后评论说："由此看来，子产是多么英明、仁慈啊！有些人说子产对老百姓不仁厚、不恩惠，我不相信这些胡言乱语！"

赏析

"子产英明"这个典故中讲到然明向郑国宰相子产建议毁掉乡校，不让老百姓议论天下大事和国内政治。但是，子产却认为乡校不能毁，因为堵塞老百姓嘴巴的方法比堵塞江河造成的后果还要严重，水能载舟也能覆舟！堤坝一旦崩溃，就会泛滥成灾，伤人更多；同样，老百姓一旦忍无可忍，就会像洪水一样冲毁残暴政权。所以，为政者要广开言路，倾听老百姓的意见，这样才能得到民心，获得人民的支持和拥护，这是最有效的治国之道。

子贡论德

释义

子贡议论人的道德品质、思想修养。

故事

子贡是孔子比较得意的弟子之一。不仅别人这样认为，就连子贡自

己往往也为此而得意。

有一天，趁没有其他同学在跟前的时候，子贡颇为自得地问孔子："老师，现在我想，如果一个人在穷途潦倒之中，仍然能够不卑不亢，不对富贵权势者巴结奉承；而在富贵之后，尽管权倾一朝，家有万金却仍然待人彬彬有礼而不恃物傲人。那么，这种人的道德修养应该说是可以了吧？"子贡这样问，显然是认为自己的学问和修养已经有相当的水平了，然而，孔子却对弟子这种自鸣得意不以为然，只是淡言一句："这种人，只能说是还可以吧！"

子贡顿觉无颜，只得求教于老师。孔子这时才说："你所说的那种修养境界又怎么能比得了虽然贫穷却乐言告人，尽管富贵而又谦逊好礼呢？人只能是具有了这种超越功利的淡泊心境，才能算是具有较高的修养啊！"

子贡把孔子的话咀嚼再三，方若有所悟地说道："《诗经》中说，'工匠对付骨角玉石，要靠剖切再糙锉细刻，然后才可以打磨光滑'。我想，是否我们做学问，提高个人修养也需要像工匠们那样精益求精呢？"

这一次，孔子对子贡的话非常满意，他看看有所启悟的弟子，十分欣慰地对他说："子贡啊，现在我们可以讨论《诗经》了。因为你已经能够举一反三，能从学过的东西中推断出未知的东西了。"

赏析

孔子主张要"安贫乐道"，精益求精地追求学问，研究做人的道理。贫穷不是错，富贵不是对，贫和富不是衡量一个人修养的标准。贫穷的人不能妄自菲薄，丧失自信会使灵魂也贫穷。正确地认识贫穷和富贵，把两者应具有的精神升华到更高层次，是孔子对子贡论德的更高要求。

子禽释疑

释义

子禽解释疑难问题。

故事

孔子带着他的学生曾经到过许多国家，每到一处，很快就会对这个国家的时政了如指掌。然后便与弟子们一起分析时政、探讨解决问题的办法。而且，孔子对时政的议论总是切中时弊，抓住要害，预料时局，屡屡被证实不谬。

孔子的弟子中有一个叫陈子禽的，他对老师的此种能力可以说是佩服得五体投地，却又总是百思不得其解。老师是通过什么渠道获知如此之多、如此之新、如此重要的信息的呢？

子禽知道师兄子贡是孔子的得意门生。于是，一天便悄悄把子贡拉在一边，故意做出很神秘、很慎重的样子说："师兄，咱们老师对时政大局独有所知、独有所见的本领也太超人一筹了吧。咱们每到一处，原本陌生之人，对一切都是不太了解的，而先生他凭什么下车伊始便对一切了如指掌，甚至连人家国家的许多机密大事也都成竹在胸。其中奥妙，你老兄一定知道些许吧？"

子贡语重心长地告诉陈子禽："咱们先生可不是一般人啊！你看他老人家温和、善良、严肃、节制、谦逊，哪一样不称得上模范和表率？何况他又有着渊博的知识，不平凡的经历。这样的人，哪一个国家的君主能不被他折服？所以，他们见到先生，就一定要主动向他老人家请教，并甘愿把

机密的事情也告诉他。因为他们相信先生的品德。这样，先生自然也就对各国时政了然于胸了。”

子贡的一席话，使陈子禽恍然大悟：“原来这事情也与人的品德有关系啊！怪不得先生成天教导我们要注意品德修养的培养呢！”

赏析

“子禽释疑”这个典故，实际上讲的是温良恭俭让的事情，这也是儒家崇尚和提倡的传统道德观念。儒家用这种观念来表示一个人良好的道德品质，有时也用来表示一个人过于温顺，对任何事情都不会加以抵抗的表现。